IL
LIBRO DI
RICETTE DI
SELVAGGINA

100 RICETTE GUSTOSE DI CARNE DI SELVAGGINA

VELIA VENTURI

Disclaimer

Le informazioni contenute in questo eBook intendono servire come una raccolta completa di strategie su cui l'autore di questo eBook ha svolto ricerche. Riassunti, strategie, suggerimenti e trucchi sono solo raccomandazioni dell'autore e la lettura di questo eBook non garantisce che i propri risultati rispecchino esattamente i risultati dell'autore. L'autore dell'eBook ha compiuto ogni ragionevole sforzo per fornire informazioni aggiornate e accurate ai lettori dell'eBook. L'autore e i suoi associati non saranno ritenuti responsabili per eventuali errori o omissioni non intenzionali che potrebbero essere trovati. Il materiale contenuto nell'eBook può includere informazioni di terzi. I materiali di terze parti comprendono opinioni espresse dai loro proprietari. In quanto tale, l'autore dell'eBook non si assume alcuna responsabilità per materiale o opinioni di terzi.

SOMMARIO

SOMMARIO 4

INTRODUZIONE 8

   Mangiare gioco 9
   Carne di selvaggina popolare 10

CARNE DI CERVO 13

   1. Bistecche Di cervo 14
   2. Alce a scatti 16
   3. Insalata Di Cervo E Spinaci 19
   4. Salsicce di zucca e birra alla griglia 22
   6. Casseruola Injera 28
   5. Bocconcini di cervo al curry 31
   6. Zuppa di polpette di cervo 34
   7. stufato di cervo 37
   8. carne di cervo a scatti 40
   9. carne di cervo alla brace 42
   10. Cubetti di cervo soffocati 44
   11. chili con carne di cervo 47
   12. peperoncino texano 51
   13. Zuppa di cervo 54
   14. Buck e Borbone 57
   15. Bistecca di cervo o di alce 60
   16. Gioco Salsiccia 62
   17. Salsiccia Di Cervo 65
   18. Spiedini di cervo piccante 67
   19. Spezzatino di cervo dell'azienda 70
   20. Salame di cervo 73
   21. Cuori Ripieni 75

CINGHIALE ...78

22. Cotolette Di Cinghiale ...79
23. Arrosto di cinghiale ...81
24. Spezzatino di Cinghiale ai Mirtilli ...84
25. Ragù di Cinghiale ...87
26. Cinghiale a cottura lenta ...90
27. Brasato di Cinghiale con Salsa Agrumi ...93

CAMOSCIO ...97

28. Gamba di camoscio sottovuoto ...98
29. Curry di camoscio ...101

FESANTE ...105

30. Fagiano al forno con marinata ...106
31. Fagiano soffocato ...108
32. Casseruola Di Fagiano E Mele ...110
33. Fagiano in crema ...112
34. Fagiano alla brace ...114
35. Bistecche Di Fagiano ...117
36. Fagiano Parmigiano ...119
37. Fagiano Brasato Con Funghi ...122
38. Fagiano Fritto Nel Grasso ...124
39. Petti di fagiano in riso ...126
40. Fonduta Di Fagiano ...128
41. Palle Di Fagiano ...130
42. Zuppa Di Fagiano E Riso ...132
43. Soufflé di fagiano ...135
44. Tortino Di Fagiano ...138
45. Fagiano Ala King ...141
46. Pagnotta Di Fagiano ...144
47. Crocchette Di Fagiano ...146
48. Polpette Di Fagiano ...149
49. Hash di fagiano ...152

ANATRA 154

50. ANATRA PECHINESE 155
51. ANATRA INTERA AFFUMICATA 158
52. ANATRA DAL FONDO NERO 161
53. ANATRA ARROSTO PICCANTE 163
54. ANATRA SELVATICA IN MARINATA DI SOIA 165
55. FILETTI D'ANATRA 167
56. ANATRA ALLA BRACE DEL TEXAS 169
57. GOMMA D'ANATRA 172

COLOMBE 175

58. COLOMBA BRASATA NELLE VERDURE 176
59. COLOMBE ALLA GRIGLIA 179
60. COLOMBA BRASATA CON RISO SELVATICO 181
61. COLOMBE CON RISO A MARSALA 184
62. PETTI DI COLOMBA ALLA BRACE 186

QUAGLIA 188

63. QUAGLIA 'N BACON DEL TEXAS 189
64. QUAGLIA SU STRISCE DI VERDURE E PROSCIUTTO 192
65. QUAGLIA RIPIENA 195
66. QUAGLIA SU LETTO DI PORRI 197
67. QUAGLIA CON PANNA ACIDA E PANCETTA 200

CONIGLIO 202

68. TORTINO DI CONIGLIO AL FORMAGGIO 203
69. CONIGLIO ALLA GRIGLIA CON VERDURE 206
70. UN PIATTO CONIGLIO E PATATE DOLCI 209
71. CONIGLIO CREOLO 212
72. CONIGLIO AL BARBECUE TIRATO 215
73. TACOS DI CONIGLIO TIRATI 218

OCA 221

74. Oca delle nevi al curry verde 222

75. Fajitas dell'oca delle nevi 225

76. Oca delle nevi al pesto 228

77. Oca delle nevi saltata in padella 230

78. Medaglioni dell'oca delle nevi 232

79. Bistecca alla fiorentina d'oca delle nevi 235

80. Gomma d'oca delle nevi 237

81. Oca delle nevi del Sichuan 241

82. Stufato Di Oca Delle Nevi 244

83. Cotolette Di Oca Delle Nevi 247

84. Oca delle nevi stagionata 249

85. Runza dell'oca delle nevi 252

86. Torta d'oca delle nevi 255

87. Oca delle nevi hawaiana affumicata 258

88. Cassoulet dell'oca delle nevi 261

89. Casseruola di oca delle nevi e riso selvatico 265

90. Coda di castoro sbriciolata e fritta 269

BISONTE **271**

91. Polpettone Di Bisonte 272

92. Bisonte Stroganoff 275

93. Riso sporco di bisonte 278

94. Bisonte macinato e stufato di verdure 281

95. Padella di bisonte 284

96. Salisbury Steak 287

MARINATE **292**

97. Salsa del cacciatore 293

98. Marinata per gioco 295

99. Marinata meravigliosa 297

100. Salsa dolce-calda per carne di cervo 299

CONCLUSIONE **301**

INTRODUZIONE

Mangiare gioco

La carne di selvaggina di animali selvatici è deliziosa, povera di grassi e sostenibile. Esaltata dai sapori naturali della dieta degli animali foraggiati, la carne di selvaggina è generalmente più saporita della carne di allevamento. Il gioco di cucina può essere semplice e gustoso, sia che tu lo abbia cacciato da solo o l'abbia preso da un buon macellaio o commerciante di selvaggina come la Wild Meat Company.

Molte persone sono scoraggiate dal cibo di selvaggina che può essere eccessivamente pignolo: non è necessario che lo sia! Usa il fagiano al posto del pollo in un curry o friggi in padella i petti di pernice per una cena veloce nei giorni feriali. Prepara un delizioso ragù di coniglio invece del solito manzo o concediti una bistecca di cervo, piuttosto che di manzo, nel fine settimana.

Questo libro ha lo scopo di ispirarti a cucinare selvaggina più spesso e mostrarti quanto può essere semplice e delizioso.

Carne di selvaggina popolare

A. **Fagiano**: Probabilmente l'uccello da gioco più popolare e diffuso è il fagiano. I giovani uccelli sono deliziosi quando arrostiti, mentre gli uccelli più grandi possono essere in casseruola, brasati o arrostiti in padella. Se sei un principiante quando si tratta di cucinare il gioco, inizia con il fagiano perché ha un sapore dolce e terroso che non è opprimente.

B. **Gallo cedrone:**Considerato da molti come il miglior uccello selvatico che ci sia. Ha una carne rossa scura e ricca e un gusto intenso che regge bene i sapori forti. Puoi mantenerlo semplice e arrostire con molto burro ad alta temperatura.

C. **Anatra:**L'anatra selvatica, tra cui il germano reale, il piccione e l'alzavola, è disponibile in autunno e in inverno, ma è più probabile che ti imbatti in un germano reale. L'anatra selvatica ha una ricchezza che si presta a una varietà di piatti, con meno grassi e un sapore più forte rispetto all'anatra d'allevamento.

D. **Oca:**L'oca selvatica ha una carne ricca e scura e durante la cottura emana un forte profumo. I macellai e i commercianti di giochi non sono autorizzati a vendere oca selvatica, quindi se vuoi provarne una, dovrai spararne una tua o riceverne una da qualcuno che ce l'ha!

E. **Carne di cervo:**Con la carne magra a basso contenuto di grassi, il cervo è un'alternativa sempre più popolare alle altre carni rosse. La carne di cervo selvatico ha un vantaggio rispetto all'allevamento con carne rosso scuro con un sapore ricco derivante dalla sua dieta variata e naturale. Le diverse specie di cervo variano per sapore e consistenza, con il maggese che ha una consistenza più fine del rosso possente, mentre il minuscolo muntjac ha il sapore più delicato.

F. **Coniglio:**Il coniglio selvatico è una delle carni di selvaggina più gustose e abbondanti che ci siano e dovremmo mangiarne di più! È molto povero di grassi. La gente lo paragona al pollo, ma in realtà il coniglio selvatico ha un sapore più forte con una carne più scura. I conigli giovani possono essere arrostiti interi e la carne strappata, quelli più vecchi (l'indicatore migliore è la dimensione) possono essere più duri e sono meglio brasati o cotti lentamente in uno stufato o al curry.

CARNE DI CERVO

1. Bistecche Di cervo

Ingredienti:

- 3 cucchiai di farina
- $1\frac{1}{2}$ t. sale
- $\frac{1}{4}$ t. foglie di maggiorana
- 6 bistecche di cervo, tagliate a tondo
- Grasso per friggere
- 1 cipolla piccola, sbucciata
- 4 carote medie, sbucciate
- $\frac{1}{2}$c. sedano a cubetti e cime $1\frac{1}{2}$ c. brodo di manzo

Indicazioni:

a) Mescolare farina, sale e maggiorana; strofinare sulla carne. Rosolare le bistecche in grasso bollente in padella a pressione. Aggiungere le verdure e il brodo; coprire e cuocere a 10 libbre. Pressione da 20 a 30 minuti, o come indicato dal produttore. Raffreddare normalmente per 5 minuti, quindi mettere la padella sotto l'acqua fredda per ridurre rapidamente la pressione.

b) Addensare il liquido per sugo strofinando le verdure attraverso un setaccio, un passaverdure o un frullatore. Serve 6.

2. Alce a scatti

Ingredienti:

- 2 libbre di alce magra

- $\frac{1}{2}$ tazza di salsa Worcestershire

- $\frac{1}{4}$ tazza di melassa di coriandolo

- $\frac{1}{4}$ tazza di salsa di soia scura

- 1 cucchiaino di scorza di limone grattugiata finemente

- 1 cucchiaino di semi di cumino

- 8 baccelli di cardamomo, screpolati

- 3 spicchi d'aglio, tritati finemente

- Olio da cucina neutro

Indicazioni:

a) Rimuovere quanto più grasso possibile dalla carne e congelare la carne per 20-30 minuti per renderla più facile da affettare. Con un coltello molto affilato, affettare la carne il più sottilmente possibile per $\frac{1}{4}$ a⅓pollici di spessore.

b) In una ciotola capiente, sbatti insieme la salsa Worcestershire, la melassa, la salsa di soia, la scorza di limone, i semi di cumino, il cardamomo e l'aglio.

c) Metti la carne affettata nella ciotola un pezzo alla volta per assicurarti che ogni pezzo sia completamente ricoperto di salamoia. Lasciare riposare la carne nella marinata per 90 minuti. Togliere la carne ed eliminare la marinata. Ora è il momento di asciugare la carne in forno o con un disidratatore per alimenti.

3. Insalata Di Cervo E Spinaci

Serve 2

Ingredienti:
vinaigrette:

- 1 tazza di fragole tritate

- 2/3 di tazza di olio extravergine di oliva

- 1/2 tazza di aceto bianco distillato

- 2 spicchi d'aglio, tritati

- 1 1/2 cucchiaino di semi di papavero

- 1 cucchiaino di sale

- Pepe nero macinato fresco qb

Carne di cervo

- 1 bistecca di cervo

- Sale e pepe a piacere

- 3-4 tazze di foglie di spinaci per bambini

- 1 tazza di fragole a fette

- 1/4 tazza di mandorle affettate

Indicazioni:

a) Preparare la griglia a fuoco medio-alto.

b) Condire la carne di cervo con sale e pepe e grigliare per circa 5 minuti per lato o fino a cottura desiderata. Lasciare riposare la carne di cervo per 10 minuti, quindi affettare.

c) Condite gli spinaci con le fragole e disponeteli nei piatti. Cospargete con le mandorle e guarnite con la carne di cervo affettata.

d) Irrorate con la vinaigrette sull'insalata e servite subito.

e) **Per la vinaigrette:** Unire tutti gli ingredienti in un robot da cucina o in un frullatore e frullare fino ad ottenere un composto liscio.

4. Salsicce di zucca e birra alla griglia

Resa: 1 porzione

Ingredienti:

- 1 bottiglia di birra ale

- 4 once di zucca; fresco o in scatola

- 1 oncia di aglio; Tagliato a dadini

- Sciroppo d'acero puro da 1 oncia

- 2 collegamenti ogni anatra; trafitto con una forchetta

- 2 Maglie di cervo; trafitto con una forchetta

- Salsiccia di pollo a 2 maglie; trafitto con una forchetta

- 1 cipolla rossa piccola; Segmentato sottile

- 1 cucchiaio di burro

- Sale

- Pepe

- 1 bulbo di finocchio; rasato

- 1 oncia Ogni formaggio saga bleu

- Stilton inglese da 1 oncia

- Gorgonzola da 1 oncia

Indicazioni:

a) Mescolare porter, zucca, aglio e sciroppo d'acero e spruzzare sulle salsicce.

b) Togliere le salsicce dalla salamoia e arrostire in una griglia a 500 gradi per 10 minuti. Tagliare e grigliare fino a cottura.

c) Cuocere le cipolle nel burro a fuoco basso fino a renderle morbide e traslucide. Condire con sale e pepe

5. Filetto di kudu arrosto con ripieno di boerewors

Resa: 1 porzione

Ingrediente

- Filetto di Kudu

- 500 grammi di cervo

- 200 grammi di carne di maiale

- 125 grammi di grasso di rognone di agnello

- 1 cucchiaino di sale

- 1 cucchiaio di semi di coriandolo tostati tritati

- 50 ml Vino rosso

- 50 ml di aceto di malto

- 1 pizzico chiodi di garofano macinati

- 1 pizzico di timo

- 1 pizzico di origano

- 2 scalogni di banana; tagliato a dadini fini

- Pinotage da 200 millilitri

- 200 millilitri Demi-glace

Indicazioni:

a) Tritare insieme carne di cervo, maiale e grasso, facendo attenzione che non sia troppo fine.

b) Unite tutti gli ingredienti, mescolando bene e tenete da parte.

c) Pulite bene il filetto di kudu e dividetelo a metà. Ripiegare e imballare con i boerewors, ripiegare la carne e legare con lo spago. Strofinate il sale e il pepe all'esterno con un po' di olio d'oliva.

d) Per cuocere, metterlo in una padella calda o su una griglia, rigirandolo spesso, e lasciare cuocere fino a quando i boerewors non si saranno rassodati. Tagliate a fette spesse e servite.

e) Per la salsa di pinotage, far appassire lo scalogno tagliato a dadini e unire poco per volta il vino rosso (pinotage) facendolo ridurre di almeno due terzi. Aggiungere il demi al vino lentamente fino ad ottenere una consistenza densa e scura. Controllare il gusto e servire.

6. Casseruola Injera

Servi: 2

ingredienti

- 2 libbre di cervo, tagliato a pezzetti
- 1 Injera fatta a pezzi
- $\frac{3}{4}$ cucchiaino di sale
- 40 grammi (⅓tazza) di cipolle viola tagliate a dadini
- 2 cucchiai di olio d'oliva
- 1 cucchiaio di aglio tritato
- ⅓ tazza d'acqua
- 1 tazza di fagiolini
- 2 cucchiai di vino bianco secco
- 1 cucchiaio + 1 cucchiaino di pasta di berbere
- 1 cucchiaio di concentrato di pomodoro
- 10-15 datteri molto morbidi, privati dei semi e tagliati a metà o tagliati

Indicazioni

a) In una padella capiente, aggiungete l'olio d'oliva e fate cuocere la carne di cervo e la cipolla fino a quando la carne non sarà più rosa; drenare. Aggiungere i fagioli e il sale.

b) Trasferire in un 13x9 ingrassato. teglia. Disporre Injera sopra.

c) Unire in una ciotola l'aglio, l'acqua, il vino bianco, il concentrato di berbere e il concentrato di pomodoro; versare sopra le tortillas. Cospargere di formaggio.

d) Infornare, senza coperchio, a 350° per 25-30 minuti o comunque fino a cottura ultimata.

e) Aggiungere i datteri e cuocere per un altro minuto.

5. Bocconcini di cervo al curry

ingredienti

- 1 libbra di cervo, tagliato a pezzi
- 4 cucchiai di pasta di curry rosso tailandese
- 1 uovo grande
- Olio per friggere
- Panatura
- 1/2 tazza di parmigiano grattugiato
- 1/2 tazza di panko di maiale
- 1/2 cucchiaino di sale condito fatto in casa

Salsa al ranch di Chipotle

- 1/4 tazza di maionese
- 1/4 tazza di panna acida
- 1 cucchiaino di pasta di chipotle a piacere
- 1/2 cucchiaino di condimento per ranch fatto in casa e mix di salsa
- 1/4 lime medio, spremuto

Indicazioni

a) Per il Chipotle Ranch Dip: unire tutti gli ingredienti, mescolare bene

b) Unire il Panko di maiale, il parmigiano e il sale condito.
c) Sbattere 1 uovo e la pasta di curry in una ciotola e impanare in un'altra.
d) Immergere i pezzi di bistecca nell'uovo, quindi impanare. Disporre su una teglia o un piatto foderato di carta oleata.
e) Congelare i bocconcini di bistecca cruda impanati per 30 minuti prima di friggerli.
f) Scaldare l'olio a circa 325 gradi F e friggere le pepite di bistecca fino a doratura, circa 2-3 minuti.
g) Trasferire su un piatto foderato di carta assorbente, condire con una spolverata di sale e servire con Chipotle Ranch.

6. Zuppa di polpette di cervo

Ingredienti:

- $\frac{1}{2}$ libbra di cervo magro o agnello,

- Terra due volte

- $\frac{1}{2}$ tazza di riso cotto, grano macinato

- $\frac{1}{4}$ tazza di cipolla tritata finemente

- $\frac{1}{4}$ tazza di prezzemolo tritato finemente

- 2 lattine Brodo di pollo condensato

- 2 lattine Acqua

- $\frac{1}{3}$ tazza Succo di limone

- 2 uova

- Sale pepe

Indicazioni:

a) Unire i primi quattro ingredienti.
   Formate delle palline da $\frac{3}{4}$ di pollice.
   Scaldare il brodo e l'acqua fino al punto
   di ebollizione. Aggiungere le polpette;
   cuocere a fuoco lento da 15 a 20 minuti.
   In una zuppiera, sbattere il succo di
   limone e le uova fino a che liscio.

b) Sbattere gradualmente nel brodo caldo.
Aggiungere le polpette per ultime.
Condire a piacere con sale, pepe.

7. stufato di cervo

Ingredienti:

- 2 libbre Carne in umido di cervo, tagliata a cubetti di $1\frac{1}{2}$ pollice
- 3 cucchiai di grasso
- 4 c. acqua bollente
- 1 cucchiaio di succo di limone
- 1 ton. salsa Worcestershire
- 1 spicchio d'aglio
- 1 cipolla grande, affettata
- 2 foglie di alloro
- (facoltativo: 2 t. sale o qb)
- 1 ton. zucchero
- $\frac{1}{2}$ tonnellata Pepe
- $\frac{1}{2}$ tonnellata paprica
- Un pizzico di pimento macinato
- 6 carote, affettate
- 12 piccole cipolle bianche, sbucciate
- 3 patate, sbucciate e tagliate a cubetti grandi

Indicazioni:

a) Rosolare la carne su tutti i lati nel grasso bollente fino a doratura. Aggiungere l'acqua e tutti gli ingredienti tranne le tre verdure. Coprire, cuocere a fuoco lento per 2 ore mescolando di tanto in tanto per evitare che si attacchi (o cuocere a forno lento - 300-325/F) per 2 ore.

b) Eliminate le foglie di alloro e l'aglio. Aggiungere le carote, le cipolle e le patate. Coperchio. Continuare la cottura per altri 30 minuti o fino a quando le verdure non saranno cotte. Addensare il liquido per il sugo. Serve 6-8.

8. carne di cervo a scatti

Ingredienti:

- 2 libbre di cervo magro, privato di tutto il grasso
- $\frac{1}{2}$c. sale in salamoia $\frac{1}{4}$ c. zucchero di canna
- $\frac{1}{2}$ t. Pepe nero
- $\frac{1}{2}$ t. polvere d'aglio

Indicazioni:

a) Tagliare le strisce di carne il più sottili possibile; pollici o meno di 4-6 pollici di lunghezza. Unisci gli altri ingredienti per fare una salamoia secca. Arrotolare rapidamente i pezzi in una soluzione di salamoia secca e metterli su una griglia nell'affumicatore. La temperatura nell'affumicatore dovrebbe rimanere tra 75 e 95/ per 10-12 ore o fino a quando le strisce a scatti non si spezzano quando vengono piegate.

b) Jerky può essere stagionato senza sale o miscela di salamoia. Può essere asciugato semplicemente, solo che ci vorrà più tempo per essere abbastanza asciutto. La salamoia permetterà alla carne secca di conservarsi più a lungo.

9. carne di cervo alla brace

Ingredienti:

- 1-28 once salsa alla brace preparata in bottiglia
- 1 tazza di ketchup
- 2 cucchiai di condimento di sottaceti
- 1 tazza di brodo di manzo o arrosto di carne di cervo in padella
- 1 cipolla piccola, tritata
- 2 rami di sedano, tritati
- 2 libbre arrosto di fesa di cervo cotto

Indicazioni:

a) Mescolare tutti gli ingredienti tranne la carne di cervo in una casseruola capiente. Cuocere a fuoco basso per circa 30 minuti o fino a quando la salsa non sarà densa.

b) Affettare l'arrosto di scamone nella salsa gorgogliante e cuocere a fuoco lento fino a quando la carne non sarà appena riscaldata.

c) Per 5 porzioni di 2 panini sostanziosi a persona.

10. Cubetti di cervo soffocati

Ingredienti:

- 2 libbre di carne per stufati di cervo Farina per il dragaggio
- Grasso
- 2 cipolle medie, affettate
- 2 spicchi d'aglio, tagliati bene
- 2 t. formaggio cheddar grattugiato
- 2 t. sale
- $\frac{1}{2}$ t. Pepe
- 2 c. acqua
- 5 t. salsa barbecue
- 1 lattina piccola di funghi o $\frac{1}{4}$ di libbra di funghi affettati (opzionale)

Indicazioni:

a) Rimuovere il grasso visibile dalla carne. Tagliare la carne a cubetti da 1 pollice; infarinarli e farli rosolare nel grasso bollente.

b) Aggiungere le cipolle e l'aglio; marrone leggermente. Aggiungere il formaggio sale, pepe, acqua e salsa barbecue.

c) Coprire e cuocere a fuoco lento per circa 1 ora e 30 minuti; mescolate di tanto in

tanto per evitare che si attacchi.
Aggiungere i funghi prima di addensare il
sugo.

11. chili con carne di cervo

Ingredienti:

- $\frac{1}{2}$ libbra di fagioli borlotti o rossi
- 4 libbre. carne di cervo tritata grossolanamente (collo, fianco, piatto, petto, tondo, cerva, stinco) $1\frac{1}{2}$ t. seme di cumino
- $\frac{1}{2}$c. sugna tritata o pancetta tagliata a julienne
- 6 cipolle di buone dimensioni, tritate
- 2-4 spicchi d'aglio, tritati
- 1 ton. origano
- 3 cucchiai di peperoncino fresco in polvere
- 1 lattina grande di pomodori pelati italiani
- 1 lattina piccola di peperoncini verdi
- Sale e pepe
- Una spruzzata di Tabasco (facoltativo)
- 2 cucchiai di masa harina istantanea o farina di mais

Indicazioni:

a) Lavate i fagioli, copriteli con acqua fredda fresca, portate a bollore e fate sobbollire per 2 minuti; lasciare riposare, ben coperto, 1 ora. Preparare la carne (i tagli da stufato sono migliori se senza grassi) tagliandola a cubetti da 1 pollice.

b) Mettere i semi di cumino in una padella a fuoco medio e tenerli in movimento fino a quando non saranno fumiganti e avranno assunto un colore tostato; quindi stendeteli su una superficie piana e schiacciateli con un mattarello. Sciogliere ora la sugna o la pancia di scrofa in una padella capiente; puoi sostituire abbastanza olio vegetale o altro grasso per ricoprire il fondo della padella, ma perderai il sapore carnoso.

c) Non appena il grasso si sarà sciolto o inizia a sfrigolare aggiungete i pezzi di carne pochi per volta e fate rosolare, girando i cubetti per sigillare tutti i lati.

d) Abbassare il fuoco e aggiungere le cipolle e l'aglio, mescolando di tanto in tanto fino a quando le cipolle sono traslucide. Aggiungi semi di cumino essiccati, origano e il peperoncino in polvere più fresco che puoi ottenere; mescolare per ricoprire la carne con i condimenti, aggiungere i pomodori e i peperoncini verdi e portare a ebollizione, quindi abbassare la fiamma per far sobbollire.

e) Portare di nuovo a ebollizione i fagioli in ammollo e lasciarli bollire quasi impercettibilmente finché non sono teneri - da 30 minuti a un'ora, a seconda dei fagioli.

f) Nel frattempo osservate il composto di carne per vedere che non si asciughi troppo, aggiungendo acqua o brodo se necessario per mantenere una consistenza piuttosto fluida. Assaggia per condire, aggiungendo sale e pepe se necessario e una spruzzata di tabasco come decretano le tue papille gustative.

g) Dopo circa 1 ora e mezza (il tempo dipenderà dalla qualità e dalla tenacità dei tagli di cervo) assaggiare la carne; se è tenero, scremare il grasso in eccesso - o conservare in frigorifero per una notte per far coagulare il grasso per una facile rimozione. Aggiungi masa harina per addensare.

h) Quindi unire il peperoncino con i fagioli cotti, riportare a bollore e lasciare che i sapori si fondano per altri 30 minuti.

12. peperoncino texano

Ingredienti:

- 2 libbre carne di cervo in umido
- 1 libbra di maiale magro o javelina, tagliato a dadini o macinato
- $\frac{1}{2}$ c. olio da cucina
- 2 cipolle grandi, tritate
- 3 spicchi d'aglio, tritati
- 6 c. brodo di carne
- 6 cucchiai di peperoncino in polvere 1 cucchiaino semi di cumino, schiacciati
- Sale e pepe

Indicazioni:

a) In un forno olandese, scaldare l'olio e far rosolare le cipolle e l'aglio per cinque minuti; poi mettere da parte. Rosolare la carne e versare l'olio.

b) Rimettere le cipolle e l'aglio in forno e aggiungere il brodo di manzo, il peperoncino in polvere e i semi di cumino. Mescolare e portare a bollore.

c) Abbassate la fiamma, coprite e fate sobbollire per almeno un'ora. Aggiungere un po' di sale a piacere. Aggiungere il pepe se necessario. Cuocete ancora per qualche minuto e servite.

13. Zuppa di cervo

Ingredienti:

- 2 o 3 libbre. ossa di cervo con un po' di carne
- 1-16 once conf. Zuppa di verdure surgelate
- 1 cucchiaio di prezzemolo
- 1 spicchio d'aglio, tritato
- Sale e pepe
- 1-16 once lattina di pomodori

Indicazioni:

a) Metti le ossa in un forno olandese e coprile appena con acqua. Fate sobbollire per due ore. Eliminate le lische ed eliminate la carne rimasta con una forchetta. Taglia a cubetti qualsiasi grosso pezzo. Conserva tre tazze di brodo e scarta il resto.

b) Aggiungere la carne, le verdure surgelate, il prezzemolo, l'aglio, il sale e il pepe. Schiacciare o tagliare i pomodori e metterli nella pentola, insieme al succo della lattina.

c) Mescolare, portare a ebollizione veloce. Abbassate la fiamma al minimo, coprite bene e fate sobbollire per un'ora. Aggiungere un po' d'acqua se necessario.

d) Quindi aggiungere ancora un po' di pepe e servire.

14. Buck e Borbone

Ingredienti:

- 2-2½ libbre. carne di cervo, tagliata a cubetti da 1½ pollici
- 5 cucchiai di farina
- 1 ton. sale
- ¼ t. Pepe
- 1½ cucchiaio di olio o strutto
- 2 cipolle medie, tagliate a dadini
- ½c. peperone verde tritato
- 2 spicchi d'aglio, tagliati a dadini
- 1 tazza di salsa di pomodoro, in scatola o fatta in casa
- ½ t. timo o rosmarino tritato (o entrambi)
- 3 once Bourbon
- ½c. acqua con dado da brodo

Indicazioni:

a) In una padella (con un coperchio per un uso successivo) rosolate a fuoco lento o medio i cubetti di carne scossi o arrotolati nella farina, sale e pepe. Non ammucchiare i pezzi di carne, ma rosolarli nell'olio o nello strutto e togliere quando sono pronti, quindi mettere da parte.

b) Soffriggere le cipolle, il peperone verde e l'aglio nella stessa padella fino a renderli morbidi.

c) Aggiungere i cubetti di carne rosolati e gli altri ingredienti, coprire e cuocere a fuoco lento per circa 1 ora e mezza.

15. Bistecca di cervo o di alce

Ingredienti:

- 4-5 cipolle
- 3 peperoni verdi
- 18-20 funghi
- $\frac{1}{4}$ libbra. Burro
- 2 foglie di alloro
- Bistecche di cervo o alce da 3-4 libbre, spesse $1\frac{1}{2}$-2 pollici Sale e pepe
- 4 spicchi d'aglio, schiacciati

Indicazioni:

a) Tagliate a dadini cipolle, peperoni verdi e funghi. Prendete una padella di ghisa e friggeteli nel burro con le foglie di alloro. Quindi prendere la bistecca e strofinare sale, pepe e spicchi d'aglio schiacciati

b) nella carne da entrambi i lati. Friggere con cipolle e peperoni. Non scuocete troppo, altrimenti sarà dura.

16. Gioco Salsiccia

Ingredienti:

- 1 cipolla piccola, tritata
- 2 spicchi d'aglio, tritati
- 6 once lardo di maiale, tagliato a tocchetti
- 1 tazza di sherry secco
- $\frac{1}{2}$ libbra. fianco rosso di gioco
- $\frac{1}{2}$ libbra. carne di cervo in umido $\frac{1}{4}$ c. prezzemolo tritato 1 cucchiaio. timo
- 1 cucchiaio di sale kosher
- $\frac{1}{2}$ t. pepe nero macinato grossolanamente
- 1 cucchiaio di salsa Worcestershire
- 2 t. semi di finocchio
- 2 t. cumino
- Un pizzico di salnitro
- Involucri di salsiccia, messi a bagno per 30 minuti al caldo
- acqua

Indicazioni:

a) Soffriggete lentamente la cipolla e l'aglio nel grasso fino a quando non saranno appassiti e dorati. Aggiungere lo sherry e cuocere più rapidamente per 4-5 minuti.

b) Tagliare le due carni a tocchetti grossolani e poi metterle nel robot da cucina o attraverso la lama media di un tritacarne insieme al composto cipolla-aglio e gli altri ingredienti.

c) Friggere una piccola quantità di questo composto e assaggiare per vedere se è abbastanza condito; se no, corretto. Se non hai un ripieno per salsicce, usa un sacchetto di plastica.

d) Far scorrere un pezzo di budello imbevuto sull'imbuto. Fai un nodo all'estremità. Forza il ripieno attraverso l'imbuto. Dopo che il budello è pieno di circa 2 pollici e mezzo, attorcigliarlo e legarlo, quindi continuare fino a quando la carne della salsiccia non sarà esaurita. Fai un nodo all'estremità dell'involucro.

e) PER CUCINARE: Lessare la salsiccia in acqua a copertura, leggermente salata e pepata. Dovrebbero essere cotti in 15 minuti.

17. Salsiccia Di Cervo

Ingredienti:

- 10 libbre di cervo
- 10 libbre di maiale
- $\frac{1}{4}$ libbra di sale
- 4 o 5 spicchi d'aglio, schiacciati
- 3 cucchiai di peperoni rossi tritati
- 8 T. salvia strofinata
- Involucri di salsiccia da 4 libbre

Indicazioni:

a) Macinare insieme carne di cervo e maiale una volta, aggiungere i condimenti, mescolare e macinare altre due volte. Farcire la carne negli involucri, ben lavati, o fare delle polpette.

b) Al momento di servire, consentire circa $\frac{1}{2}$ libbra a persona. Mettere in una padella capiente con acqua a sufficienza da coprire il fondo della padella. Cuocere coperto a fuoco medio-basso, da 30 a 45 minuti. Togliere il coperchio e far dorare. Per circa 40 porzioni. Conservare in congelatore.

18. Spiedini di cervo piccante

Ingredienti:

- Da $1\frac{1}{2}$ a 2 libbre di cervo, tagliato a cubetti da 1 pollice

- $\frac{3}{4}$c. Condimento per insalata italiano in bottiglia

- $\frac{1}{4}$ c. succo di limone

- 1 T. Salsa Worcestershire

- $\frac{1}{4}$ c. cipolla verde tritata

- 2 piccoli peperoni verdi, tagliati a metà e tagliati a quarti

- 1 cipolla media, tagliata a spicchi

- 8 funghi freschi

- 8 pomodorini

Indicazioni:

a) Unire il condimento, il succo di limone, il Worcestershire e la cipolla in una casseruola di vetro. Aggiungere la carne, coprire e marinare in frigorifero, girando la carne di tanto in tanto per 4 ore o tutta la notte.

b) Su uno spiedino di spiedini, infilare il peperone, la carne di cervo, la cipolla, i funghi, ripetere iniziando con il peperone.

c) Spennellare con la marinata rimanente. Disporre gli spiedini sulla griglia di cottura o sul carbone (uno strato) e cuocere per circa 10 minuti, girandoli di tanto in tanto.

d) Coprire con il pomodoro ciliegino, girare lo spiedino, spennellare con la marinata e cuocere altri 5 minuti o fino alla cottura desiderata.

e) Per 4 porzioni (2 spiedini ciascuno).

19. Spezzatino di cervo dell'azienda

Ingredienti:

- 6 once pancetta magra
- $\frac{3}{4}$c. farina $\frac{1}{2}$ g. farina t. Pepe
- 3 libbre 4 once carne di cervo, a cubetti
- 1 libbra di cipolla, tritata
- 1 libbra di carote, a fette spesse
- 1 lattina grande di olive mature, snocciolate
- $3\frac{1}{2}$ c. brodo di manzo
- vino rosso
- 1 cucchiaio di aceto
- 3 once pasta di pomodoro
- 1 spicchio d'aglio, tritato
- $\frac{3}{4}$t. timo, schiacciato
- 1 foglia di alloro
- C. prezzemolo, tritato

Indicazioni:

a) Unire farina, sale e pepe e dragare i cubetti di cervo. In una grande pentola di coccio mettete a strati la pancetta, i cubetti di cervo e le verdure.

b) Unire il brodo di carne e gli altri ingredienti. Versare su tutto e cuocere a

fuoco lento per 8-12 ore o fino a quando
la forchetta è tenera.

20. Salame di cervo

Ingredienti:

- 2 libbre di carne di cervo
- 1 tazza d'acqua
- 2 cucchiai di sale per la cura
- 1 cucchiaio di fumo liquido
- 1 cucchiaio di aglio in polvere
- 1 cucchiaio di cipolla in polvere
- 1 ton. peperoncino fresco tritato
- 1 cucchiaio di pepe in grani freschi
- 1 ton. cumino
- 1 cucchiaio di semi di senape
- $\frac{1}{4}$ t. peperoncino di Cayenna

Indicazioni:

a) Amalgamare tutti gli ingredienti e formare dei rotolini di circa 1,5 cm di diametro.

b) Mettere in frigo per 24 ore in modo che i sapori si sviluppino. Disponete su una teglia e infornate a 300° per 30-45 minuti.

21. Cuori Ripieni

Ingredienti:

- 2-3 cuori di cervo, a seconda delle dimensioni, o 1 cuore di alce
- 1 tazza di pangrattato fresco
- 1 tazza di prosciutto tritato
- 1 tazza di sugna tritata finemente
- 1 uovo, leggermente sbattuto
- $\frac{1}{4}$ c. prezzemolo tritato
- 1 rametto di maggiorana, tritato o $\frac{1}{4}$ t. essiccato
- 1 rametto di rosmarino, tritato o $\frac{1}{4}$ t. essiccato
- 1 ton. scorza di limone grattugiata
- Sale e pepe macinato fresco
- 3 strisce di pancetta
- 2 cucchiai di farina
- 2 c. acqua bollente
- 2 t. pasta di pomodoro

Indicazioni:

a) Immergere i cuori in acqua fredda per 1 ora. Rimuovere le vene e le arterie con un coltello affilato, quindi lavare e asciugare i cuori.

b) Preparare il ripieno mescolando insieme il pangrattato, il prosciutto, la sugna, l'uovo, le erbe aromatiche e la scorza di limone. Assaggiate e salate e pepate a piacere. Fai un taglio di 2-3 pollici su un lato di ciascun cuore e riempilo con il ripieno. Avvolgere ogni cuore ripieno con una striscia di pancetta e fissarlo con uno spiedino.

c) Mettere i cuori in posizione verticale in una casseruola di terracotta e cuocere in forno a 350° per 2-3 ore, finché la carne non sarà tenera. Rimuovi i cuori su un piatto riscaldato. Alla sgocciolatura della padella aggiungere la farina, mescolare e cuocere per un minuto circa.

d) A fuoco spento versare l'acqua bollente e il concentrato di pomodoro, quindi rimettere sul fuoco e mescolare mentre la salsa si addensa. Fate cuocere qualche minuto, quindi servite in una salsiera insieme ai cuori.

CINGHIALE

22. Cotolette Di Cinghiale

- 2 libbre di cotolette di cinghiale
- 1 tazza di latticello
- 1 ton. sale
- 3 bacche di ginepro, schiacciate
- 1 cucchiaio di burro morbido
- 1 cucchiaio di farina

Indicazioni:

a) Immergere le cotolette per 3 giorni nel latticello in frigorifero. Scolare e asciugare, quindi strofinare con sale e ginepro tritato. Preriscaldare il forno a 350/. Coprire il fondo della teglia con $\frac{1}{4}$ di pollice di acqua bollente e posizionare la carne su una griglia di acqua di pascolo. Arrostire per 1 ora, bagnando di tanto in tanto con il latticello.

b) Nel frattempo amalgamate il burro e la farina con la punta delle dita. Quando la carne è tenera e non sanguina quando viene bucata, mescolare la farina di burro nel liquido della teglia. Mescolare fino a ottenere un composto denso e liscio e regolare il condimento.

23. Arrosto di cinghiale

SERVE 4

Ingredienti:

- Ingredienti inviare lista della spesa
- 1 cipolla, tritata grossolanamente
- 4 spicchi d'aglio, tritati
- 2 carote, tritate grossolanamente
- 2 gambi di sedano, tritati grossolanamente
- 1/2 bulbo di finocchio, tritato grossolanamente
- 1/2 tazza di olio d'oliva, diviso
- Sale e pepe a piacere
- 1 1/2 libbre di arrosto di cinghiale
- 6 rametti di timo fresco
- 3 rametti di rosmarino fresco
- 1 cucchiaio di origano fresco
- 1/2 tazza d'acqua

Indicazioni:

a) Scaldare il forno a 375 gradi.

b) Condire le verdure tritate (cipolla, 2 spicchi d'aglio, carote, sedano e finocchio) in 1/4 di tazza di olio d'oliva e condire con sale e pepe. Adagiatele sul fondo di una piccola teglia e tenete da parte.

c) Scaldare una padella a fuoco vivo fino a quando non sarà molto calda.

d) Condire l'arrosto con sale e pepe. In una padella aggiungete un cucchiaio di olio d'oliva e fate rosolare l'arrosto su tutti i lati.

e) Mentre la carne rosola, prendi circa la metà della quantità di erbe fresche che hai e tritale finemente. Mettere le erbe aromatiche tritate in una ciotolina e aggiungere il resto dell'aglio tritato e l'olio d'oliva; mescolate per formare una pasta sciolta.

f) Dopo che il cinghiale è stato scottato, strofinatelo con la pasta e adagiate sopra le verdure nella teglia.

g) Legate le erbe aromatiche rimaste con lo spago da macellaio e gettatele nella teglia.

h) Aggiungere l'acqua nella padella, quindi coprire la padella e arrostire per 1/2 ora, o il tempo necessario per raggiungere una temperatura interna di 155-160 con un termometro per carne.

i) Lasciar riposare circa cinque minuti prima di affettare e servire con le verdure arrostite.

24. Spezzatino di Cinghiale ai Mirtilli

Ingredienti:

- 1 chilogrammo di cinghiale (a cubetti, spalla o coscia)
- 1 1/2 cucchiai di olio vegetale
- 1 cipolla (tagliata finemente)
- 2 carote
- 1 Arancia (biologica)
- 1 spicchio d'aglio
- 1 spicchio
- 1 stecca di cannella
- 4 bacche di ginepro
- 2 pizzichi di noce moscata
- 2 foglie di alloro
- 2 cucchiai di cognac
- vino rosso (1 litro)
- 4 cucchiai di brodo di manzo
- 2 cucchiai di marmellata di mirtilli
- 200 grammi di mirtilli freschi
- 2 cucchiai di farina (facoltativo)
- Brodo di pollo

Indicazioni:

a) Rosolare la carne a cubetti in una padella con l'olio, quindi togliere la carne e mettere da parte.

b) Nella stessa padella fate rosolare le cipolle (affettate sottilmente) ecarote.

c) Aggiungere la scorza d'arancia, l'aglio schiacciato, i chiodi di garofano, la stecca di cannella e le bacche di ginepro, quindi aggiustare di sale e pepe, spolverare con la noce moscata e aggiungere il bouquet guarnito.

d) Rimettere la carne nella pentola e aggiungere il brandy, se lo si desidera flambé.

25. Ragù di Cinghiale

Ingredienti:

- Spalla o coscia di cinghiale da 1 libbra, tagliata in pezzi da 1 a 2 pollici
- 1 rametto di rosmarino, diviso a metà
- 4 spicchi d'aglio, sbucciati
- 2 tazze di Chianti o altro vino rosso, o secondo necessità
- 3 cucchiai di olio extravergine di oliva
- 1 carota piccola, tritata finemente
- 1 gambo di sedano piccolo, tritato finemente
- 1 cipolla piccola, tritata finemente
- 1 tazza di pomodori in scatola, con il loro liquido
- 2 tazze di brodo vegetale o acqua
- Tagliatelle o altra pasta, per servire

Indicazioni:

a) La sera prima della preparazione del ragù mettete la carne in una ciotola con il rosmarino, i grani di pepe, l'aglio e vino quanto basta per coprire. Coprire e conservare in frigorifero per una notte.

b) Scartare il rosmarino e l'aglio. Scolare la carne in un colino posto sopra una ciotola, riservando il vino. In un forno olandese a fuoco medio-alto, scaldare l'olio fino a quando non luccica e aggiungere la carota, il sedano e la cipolla. Soffriggere finché non si ammorbidisce, da 3 a 5 minuti.

c) Aggiungere la carne e cuocere, mescolando spesso, fino a quando tutto il liquido rilasciato dalla carne non sarà evaporato e la carne sarà rosolata, da 10 a 15 minuti. Aggiungere il vino riservato e cuocere, mescolando spesso, fino a quando il composto non sarà asciutto, da 10 a 15 minuti.

d) Unite i pomodorini, spezzettandoli con un cucchiaio. Aggiungere 1 tazza di acqua, ridurre il fuoco al minimo e cuocere, parzialmente coperto, a fuoco lento per 1 ora.

e) Aggiungere il brodo vegetale e continuare a cuocere a fuoco lento, mescolando di tanto in tanto, fino a quando la carne inizia a rompersi, da 1 1/2 a 2 1/2 ore. Togliete dal fuoco e, aiutandovi con una frusta o un cucchiaio, spezzettate la carne a fettine molto fini.

f) Servire, a piacere, su tagliatelle o altra pasta.

26. Cinghiale a cottura lenta

Ingredienti:

- Arrosto di spalla di cinghiale da 5-6 libbre o una spalla di maiale convenzionale
- olio d'oliva per ricoprire gli arrosti
- 2 cucchiai di condimento per bistecca di Montreal o più
- 1 cipolla con la pelle -tritata
- 2 carote – tagliate grossolanamente
- 1 mazzetto di prezzemolo – tritato
- 6 spicchi d'aglio
- 1 in lattina di pomodoro a cubetti il succo o la pasta
- $\frac{1}{2}$ tazza di bourbon
- $\frac{1}{2}$ tazza di zucchero di canna

Indicazioni:

a) Tagliare l'arrosto in due pezzi maneggevoli
b) strofinare l'arrosto con olio d'oliva e condire abbondantemente, mettere da parte
c) Trita le verdure per la tua pentola a cottura lenta
d) Scaldare una padella ampia sul fornello e quando la padella è molto calda aggiungere un po' di olio d'oliva e rosolare entrambi i lati dell'arrosto.

e) Metti le verdure tagliate e l'aglio sul
   fondo della pentola a cottura lenta.
f) Aggiungere l'arrosto, il bourbon, lo
   zucchero di canna e i pomodori a cubetti.
g) coprire la pentola a cottura lenta e
   cuocere a fuoco basso per ca. 7 ore.
h) La salsa che si trova sul fondo della
   pentola a cottura lenta deve essere
   filtrata e messa in una piccola casseruola,
   riducendo il liquido della metà a fuoco
   medio-alto.
i) Servite il cinghiale a pezzi, incoraggiando
   i vostri ospiti a farlo a pezzi intingendolo
   nel sugo della pentola a cottura lenta o
   nelle vostre salse preferite.

27. Brasato di Cinghiale con Salsa Agrumi

Ingredienti:

- 4,4 libbre di sella di cinghiale (pronta da cucinare)
- 3 foglie di alloro
- 1 cucchiaino di peperoni di pimento macinati
- $\frac{1}{2}$ tazza di brodo di selvaggina (o brodo di pollo)
- 2 pinte di succo di mela non filtrato
- 7 once di scalogno
- 2 spicchi d'aglio
- sale
- 2 cucchiai di burro chiarificato
- 2 arance
- 2 pompelmi piccoli
- 4 salvia fresca (foglie)

Indicazioni:

a) Sciacquare la carne di cinghiale, asciugarla e metterla in un sacchetto per congelatore capiente (6 litri).

b) Aggiungere l'alloro, il pimento, il pepe, il brodo e il succo di mela. Sigillare bene il sacchetto e girare il sacchetto per ricoprire la carne. Marinare per 8-12 ore (preferibilmente tutta la notte) in frigorifero.

c) Mondate lo scalogno e l'aglio. Tagliate a dadini l'aglio e tagliate lo scalogno in quarti.

d) Aprire il sacchetto del congelatore, versare la marinata in una ciotola capiente, togliere la carne e asciugare con carta assorbente. Segnare lo strato di grasso con un coltello affilato a forma di rombo e strofinare la carne su tutti i lati con sale e pepe.

e) Scaldare il burro in una teglia e cuocere la carne a fuoco vivo su tutti i lati. Aggiungere lo scalogno e l'aglio e cuocere finché non si ammorbidiscono.

f) Versare la marinata nella teglia, coprire e cuocere in forno preriscaldato a 180°C (160°C ventilato, gas: segno 2-3) (circa 350°F) per circa 2 ore e 1/2, rigirando regolarmente.

g) Togliere il coperchio e portare la temperatura a 200°C (forno ventilato 180°C, gas: segno 3) (circa 400°F). Girare la carne, con il lato grasso verso l'alto, e cuocere fino a formare una bella crosticina, circa 30 minuti in più in forno.

h) Nel frattempo, con un coltello affilato, tagliate la buccia delle arance e dei pompelmi, in modo da eliminare tutta la parte bianca amara. Tagliare la frutta

tra le membrane, lavorando su una ciotola
per raccogliere i succhi.

i) Togliere la carne dalla padella e coprire
per tenerla in caldo. Eliminate le foglie di
alloro e versate il liquido di cottura in
una pentola. Portare a bollore e far
bollire per altri 10 minuti circa.

j) Sciacquare la salvia, scuoterla per
asciugarla, strappare le foglie e tritarle
finemente.

k) Aggiungere alla salsa gli spicchi di agrumi
e il succo di agrumi raccolto con la salvia
e cuocere per circa 5 minuti. Condire con
sale e pepe.

l) Tagliare la carne a fette e servire con la
salsa agli agrumi.

CAMOSCIO

28. Gamba di camoscio sottovuoto

ingredienti

- 500 g Coscia di camoscio, disossata, preparata dal macellaio
- 200 ml Vino rosso, secco
- Fondo selvaggio da 200 ml
- 6 Data, senza pietra
- 2 cucchiai di aceto di mele
- 2 cucchiai di burro chiarificato
- 2 Cipolla, rossa
- 1 cucchiaino di condimento di cervo

Indicazioni:

a) Tempo totale ca. 2 ore 40 minuti

b) Friggere la coscia di camoscio nel burro chiarificato. Lasciare raffreddare un po' la coscia e poi sigillarla in un foglio di alluminio. Cuocere a bagnomaria a 68 gradi per circa 2 ore.

c) Tagliare le cipolle a bastoncini, tritare metà dei datteri, tagliare l'altra metà a fette.

d) Soffriggere lentamente la cipolla nella padella del cosciotto. Aggiungere i datteri tritati. Sfumare con vino rosso, jus selvatico e aceto di mele e ridurre della metà. Aggiungere le spezie di selvaggina e le fette di datteri.

29. Curry di camoscio

ingredienti

- 2 spalle di camoscio, tagliate con l'osso a pezzi di 4 cm
- 1 cipolla, tagliata a dadini
- 1 mazzetto di cipollotti, tritati grossolanamente
- 4 spicchi d'aglio
- Una noce di zenzero
- 2-3 peperoni scotch bonnet
- Un mazzetto di timo
- 2 cucchiaini di semi di coriandolo
- 1 cucchiaino di semi di cumino
- 1 cucchiaino di semi di fieno greco
- $\frac{1}{2}$ cucchiaino di semi di senape
- $\frac{1}{2}$ cucchiaino di semi di finocchio
- 4 chiodi di garofano
- $\frac{1}{4}$ di noce moscata
- $\frac{1}{2}$ cucchiaino di curcuma
- 20 semi di pimento
- 2 cucchiaini di olio da cucina
- 5 1/2 tazze di acqua o brodo di pollo
- 2 patate cerose di media grandezza, tagliate a dadini.

Indicazioni:

a) Mettere la cipolla, il cipollotto, l'aglio, lo zenzero, i peperoni scotch bonnet e il timo in un frullatore per fare una pasta. Marinare la carne nella pasta per almeno due ore, preferibilmente tutta la notte.

b) Macina tutte le spezie secche.

c) Scaldate 3 cucchiai di olio in una pentola di ghisa e fate rosolare la carne. Condire con sale e pepe. Aggiungere le spezie macinate e coprire con acqua.

d) Lasciar sobbollire per 2-2 ore e mezza. Unite la patata e aggiungete ancora un po' d'acqua. Lasciar cuocere finché le patate non saranno tenere. Controllare il condimento e aggiungere altro sale e pepe se necessario.

e) Mettere il riso in un setaccio e sciacquare fino a quando l'acqua non sarà limpida.

f) Prendete una casseruola di medie dimensioni e dal fondo spesso. Aggiungere un po' d'olio e far appassire le cipolle fino a renderle morbide e traslucide. Aggiungere tutte le spezie, il peperoncino, il timo e il sale. Aggiungere il riso e aggiungere il latte di cocco e l'acqua. Portare a bollore, coprire con carta da forno e un coperchio a chiusura ermetica.

g) Abbassate la fiamma e fate sobbollire finché tutta l'acqua non sarà evaporata. 10-12 minuti.

h) Lasciar riposare il riso per 2-3 minuti con il coperchio.

FESANTE

30. Fagiano al forno con marinata

ingredienti

- 1 fagiano vestito

Marinata:

- 1 tazza di olio da cucina
- 2 cucchiai di cipolla tritata
- 1 cucchiaino di sale
- cucchiaini di pepe nero
- 1 piccolo spicchio d'aglio, tritato
- 1 cucchiaio di aceto di vino
- 1 cucchiaio di salsa Worcestershire
- 1 cucchiaino di zucchero
- 1 cucchiaino di salsa tabasco
- 1 cucchiaino di paprika

Indicazioni

a) Frullare accuratamente la marinata. Spennellare il fagiano con la marinata, legare le gambe. Mettere in una teglia e cuocere per un'ora a 180°C. forno.

b) Imbastire ogni 15 minuti e girare l'uccello una volta se non sta in piedi sulla schiena.

31. Fagiano soffocato

ingredienti

- 1 fagiano condito, tagliato a pezzi da portata
- 3 cucchiai di grasso
- 1 tazza di farina condita più l Cucchiai di latte scremato secco
- 1 tazza di crema leggera

Indicazioni

a) Arrotolare i pezzi di fagiano nella farina condita e rosolarli nel grasso finché non saranno ben dorati.

b) Trasferire in una casseruola da 2-3 quarti. Aggiungere la panna, coprire.

c) Cuocere in forno a 350 ° F per 1 ora o cuocere a fuoco lento per 30-45 minuti sul fornello.

32. Casseruola Di Fagiano E Mele

ingredienti

- 1 fagiano condito, tagliato a pezzi da portata
- 4 cucchiai di burro o margarina
- 1 cucchiaino di sale
- 1 cucchiaino di timo
- cucchiaini di pepe nero
- 2 mele grandi, sbucciate
- 1 tazza di sidro di mele
- 2 cucchiai di aceto di vino
- farina condita

Passare i pezzi di fagiano nella farina condita.

Rosolare nel burro o nella margarina a fuoco medio. Trasferire la carne in una casseruola profonda. Cospargere di sale, timo e pepe sulla carne e aggiungere le mele affettate. Versare su tutto il sidro e l'aceto. Coprite e infornate per 4 ore a 180°C.

33. Fagiano in crema

ingredienti

- 1 fagiano condito, tagliato a pezzi da portata
- 1/3 tazza di burro
- 1 cucchiaino di sale
- 1 cucchiaino di timo
- 1 cucchiaino di pepe nero
- 1 tazza di farina
- 1 cucchiaino di succo di cipolla o l cucchiai di cipolla tritata
- 1 tazza di crema pesante

Indicazioni

a) Passare i pezzi di fagiano nella farina condita.

b) Rosolare bene nel burro. Aggiungere la cipolla e la panna.

c) Coprire e cuocere a fuoco lento finché non saranno teneri, da 30 a 45 minuti.

34. Fagiano alla brace

ingredienti

- 1 fagiano condito, tagliato a pezzi da portata
- 1 uovo, sbattuto
- 1 cucchiaino di sale
- 1 cucchiaino di pepe
- 1 tazza di pangrattato
- 3 cucchiai di olio da cucina

Salsa barbecue

- 1 cucchiaio di aceto
- 2 c. salsa di pomodoro
- 1 tazza di sedano a cubetti
- 2 cucchiai di cipolla tagliata a dadini
- 1 cucchiaio di zucchero di canna
- 1 cucchiaino di timo
- 1 cucchiaino di aceto
- 2 c. salsa di pomodoro
- 1 tazza di sedano a cubetti
- 2 cucchiai di cipolla tagliata a dadini
- 1 cucchiaio di zucchero di canna
- 1 cucchiaino di timo
- 1 cucchiaino di sale
- 1 cucchiaino di sale

Indicazioni

a) Aggiungere sale e pepe all'uovo sbattuto.

b) Rotolare i pezzi di fagiano nel composto di uova e poi in briciole.

c) Rosolare nell'olio a fuoco medio.

d) Mescolare gli ingredienti della salsa barbecue e spennellare il fagiano.

35. Bistecche Di Fagiano

ingredienti

- 1 giovane fagiano solo petto e cosce
- 1 tazza di farina
- 1 cucchiaino di sale
- 1 cucchiaino di pepe
- 1/16 cucchiaini di origano
- 1/ 16 cucchiaini di basilico
- 1 tazza di burro

Indicazioni

a) Battere le bistecche per uniformare lo spessore. Mescolare sale, pepe, origano e basilico con la farina.

b) Rosolare le bistecche lentamente nel burro o altro grasso (340°-360°F.). Girare quando è dorato. Per verificarne la cottura, tagliate uno squarcio al centro della bistecca, con un coltello affilato.

c) Le bistecche dovrebbero essere ancora succose, senza evidenza di colore rosa. Il tempo di cottura sarà di circa 3-5 minuti.

36. Fagiano Parmigiano

ingredienti

- 1 fagiano, tagliato a pezzi

- 1 cucchiaino di glutammato monosodico

- 1 tazza di farina

- 1 cucchiaino di sale

- 1 cucchiaino di pepe

- 2 cucchiai di parmigiano grattugiato

- 1 cucchiaino di paprika

- 1 tazza di burro

- 1 tazza di brodo

Indicazioni

a) Mescolare i condimenti con la farina. Arrotolare i pezzi di fagiano nel composto. Se possibile, mettere i pezzi rivestiti su una griglia ad asciugare per circa 1 ora.

b) Rosolare lentamente nel burro in padella (340° -360°F.). Lasciare 15 minuti per lato. Quando saranno ben dorati, aggiungete il brodo o l'acqua calda in cui si è sciolto il dado di brodo.

c) Coperchio. Cuocere a fuoco lento per circa 20 minuti o fino a quando sono teneri.
d) Scoprire e cuocere per circa 10 minuti in più a croccante.

37. Fagiano Brasato Con Funghi

ingredienti

- 1 fagiano, tagliato a pezzi
- 1 tazza di miscela per pancake
- 1 tazza di burro
- 1 tazza di funghi
- 3 cucchiai tritati di ioni
- 1 tazza di brodo
- 1 cucchiaio di succo di limone
- 1 cucchiaino di sale
- 1 cucchiaino di pepe nero

Indicazioni:

a) Passare i pezzi di fagiano a pezzetti nel composto per frittelle.

b) Rosolare i pezzi nel burro fino a doratura (circa 10 minuti).

c) Eliminare i pezzi di fagiano.

d) Nel burro rimasto in padella, soffriggere i funghi e la cipolla tritata fino a doratura (circa l 0 minuti).

e) Rimettere la carne in padella, aggiungere il brodo, il succo di limone e i condimenti. Coprire e cuocere a fuoco lento per 1 ora o fino a quando sono teneri.

38. Fagiano Fritto Nel Grasso

ingredienti

- 1 fagiano giovane, tagliato a pezzi
- 1 tazza di miscela di rivestimento
- Latte o latticello
- Grasso da cucina

Indicazioni:

a) Tagliare la carne da ciascun lato della chiglia o dello sterno con un coltello affilato, facendo 2 pezzi di petto. Marinare i pezzi di fagiano nel latte o nel latticello per 1 o 2 ore in frigorifero o immergerli nel latte.

b) Dragare i pezzi nel rivestimento desiderato. Asciugare su una griglia per circa mezz'ora.

c) Trasferire pochi pezzi alla volta nel cestello per il grasso profondo e abbassare nel grasso riscaldato (350 ° - 360 ° F.). Usa 2 pollici o più di grasso riscaldato.

d) Rimuovere i pezzi quando sono dorati (3-5 minuti).

e) Servire subito.

39. Petti di fagiano in riso

(4 porzioni)

ingredienti
- 4 petti di fagiano
- 1 lattina di zuppa di funghi
- 1 busta di miscela di zuppa di cipolle secche
- 1 tazza di latte
- 1 tazza di riso
- 1 tazza di pezzi di funghi

Indicazioni:

a) Unire le zuppe e il latte. Versare metà del composto in una teglia oblunga (circa 7x 11 pollici).

b) Unire il riso e i pezzetti di funghi. Disporre i petti di fagiano sul composto di riso, premere e versare il resto della miscela di zuppa sui petti.

c) Coprire con un foglio e cuocere 1 ora e 15 minuti in un forno a 3 50°F. Scopri gli ultimi 15 minuti per dorare.

40. Fonduta Di Fagiano

ingredienti

- 1 fagiano vestito tagliato a pezzetti
- 2 c. olio vegetale

Indicazioni:

a) Scaldare l'olio in una pentola per fonduta elettrica a 425°F.

b) Scuotere l'eccesso di umidità dai pezzi di fagiano, lancia sulla forchetta da fonduta e metterlo in olio caldo. Fonduta circa un minuto o fino a doratura. Sfornare, salare a piacere, pronto da mangiare.

41. Palle Di Fagiano

(3-4 porzioni)

ingredienti
- 1 tazza di fagiano crudo macinato
- 1 uovo, leggermente sbattuto
- 2 cucchiai di cipolla tritata
- 1 cucchiaino di sale
- 1 cucchiaino di paprika
- 1 cucchiaino di pepe
- 2 cucchiai di grasso o olio
- 1 tazza di pangrattato e/o briciole di cornflake

Indicazioni:

a) Mescolare insieme il fagiano, l'uovo, la cipolla e le spezie.

b) Fare circa sette polpette di 1 pollice di diametro (cucchiaio arrotondato). Arrotolare le briciole.

c) Rosolare nel grasso fino a doratura e la carne è cotta. A fuoco medio circa 15 minuti.

42. Zuppa Di Fagiano E Riso

(4 porzioni)

ingredienti
- 1 fagiano vestito, tagliato a pezzi
- acqua da coprire

La minestra:
- 1 qt. brodo
- 1 carota a dadini (da 1/3 al c.)
- 2 cucchiai di cipolla tagliata a dadini
- t c. sedano tagliato a dadini
- 1 tazza di fagiano cotto a dadini
- 2 cucchiai di riso
- cucchiaini di sale di sedano
- ! cucchiaini di sale o altro a piacere
- t cucchiaini di pepe

Indicazioni:

a) **Per il fagiano:**Far bollire per 30-40 minuti fino a quando la carne è tenera e si staccherà facilmente dalle ossa.

Fresco. Togliere la carne dalle ossa e filtrare il brodo.

b) **Per la zuppa:** Unire tutti gli ingredienti e cuocere a fuoco lento per 15 minuti. Questo può essere preparato in anticipo e riscaldato per servire. Servire con cracker croccanti.

43. Soufflé di fagiano

(4 porzioni)

ingredienti

- 1 tazza di fagiano cotto a cubetti

- 2 uova, separate

- 1 tazza di riso bianco cotto

- ! C. briciole di pane fresco

- ! C. sedano tagliato a dadini

- 1 tazza di latte

- 1 cucchiaino di sale

- 1 cucchiaino di pepe nero

- 1 cucchiaino di timo

Indicazioni:

a) Sbattere i tuorli e aggiungere tutti gli ingredienti tranne gli albumi. Montare a neve ferma gli albumi e incorporarli al composto.

b) Versare in una teglia piatta molto unta o in una teglia quadrata da 8 x 8 pollici.

c) Infornate a 180° per circa 30 minuti, o fino a quando un coltello inserito al centro non esce pulito.

d) Tagliare a quadrotti e servire con salsa di funghi.

44. Tortino Di Fagiano

(2-3 porzioni)

ingredienti

- 1 tazza di fagiano cotto a cubetti

- 1 tazza di cipolla tagliata a dadini

- 1 tazza di carota a fette sottili

- 1 tazza di piselli surgelati (! conf.)

- 1 foglia di alloro

- 1 dado da brodo di pollo

- 1 tazza d'acqua

- 1 tazza di salsa bianca media

- Ricca farcitura di biscotti

Indicazioni:

a) Condimenti opzionali: peperoncino in polvere, cumino, salsa Worcestershire, santoreggia, timo, macis, maggiorana o una combinazione di queste spezie.

b) Lessare le verdure, la foglia di alloro e il dado di brodo in acqua finché sono teneri (circa 10 minuti). Scolare e conservare il liquido per la salsa.

c) Unire liquido e abbastanza latte per fare 2 tazze di liquido.

d) Preparare la salsa con 3 cucchiai di burro, 3 cucchiai di farina e 1 cucchiaino di sale.

e) Unire fagiano, verdure e besciamella con condimenti aggiuntivi facoltativi.
Mettere in 3 qt. casseruola e guarnire con i biscotti al lievito. Infornate a 200°C per 15 minuti.

45. Fagiano Ala King

2 porzioni

ingredienti

- 1 tazza di fagiano cotto a cubetti

- 1 cucchiaio di burro o margarina

- 1 cucchiaio di farina

- ! C. brodo o brodo di pollo

- 1 tazza di crema pesante

- 1 cucchiaino di sale

- un pizzico di pepe

- 1 cucchiaio di cipolla tritata

- 1 tuorlo d'uovo, sbattuto

- 2 fette di pane tostato o muffin inglesi

Indicazioni:

a) Sciogliere la margarina con la cipolla in una casseruola, unire la farina.

b) Aggiungere il brodo e la panna, scaldare lentamente senza far bollire. Versare questo composto nel tuorlo d'uovo sbattuto. Aggiungere sale, pepe e fagiano.

c) Scaldare solo fino a caldo. Servire su crostini imburrati o muffin inglesi.

46. Pagnotta Di Fagiano

(3-4 porzioni)

ingredienti

- 1 tazza di fagiano cotto a dadini fini
- 2 cucchiai di cipolla tritata
- 2 cucchiai di peperone verde tritato
- 1 cucchiaino di sale
- 1 cucchiaino di noce moscata
- 1 cucchiaino di pepe
- 1 tazza di pangrattato secco
- 2 uova sbattute
- 1 tazza di latte
- 1 cucchiaio di salsa Worcestershire

Indicazioni:

a) Unisci i primi sette ingredienti. Sbattere le uova

b) e unire il latte e la salsa Worcestershire. Aggiungere il liquido alla miscela secca. Frullare accuratamente. Mettere in una teglia imburrata e cuocere per 45 minuti in forno a 180°C. Se si utilizza una teglia più lunga, ridurre di conseguenza il tempo di cottura.

47. Crocchette Di Fagiano

(Per 10-12 crocchette)

ingredienti
- 1 tazza di fagiano cotto tritato
- 4 cucchiai di burro o margarina
- 4 cucchiai di farina
- 1 tazza di latte
- 1 cucchiaino di sale
- 1 cucchiaino di maggiorana
- 1 cucchiaino di curry in polvere
- 1 uovo, sbattuto
- 2 cucchiai di farina
- 1 tazza di pangrattato e/o briciole di fiocchi di mais

Indicazioni:

a) Fare una salsa di farina, burro e latte, aggiungere carne e condimenti. Raffreddare bene. Sbattere l'uovo.

b) Formare il composto per crocchette, rotolare nella farina, nell'uovo e poi nelle briciole, assicurandosi che tutte le aree siano ricoperte di uovo prima di sbriciolare.

c) Friggere a 180°C per circa 5 minuti o fino a doratura, scolare su carta assorbente, servire ben caldo.

48. Polpette Di Fagiano

7-8 polpette (4 porzioni)

ingredienti

- 2 c. fagiano cotto a dadini (non macinare)
- 1 tazza di pangrattato tostato
- 4 cucchiai di burro o margarina (divisi)
- 1 tazza di cipolla tritata
- 2 cucchiai di peperone verde tritato
- 1 uovo, leggermente sbattuto
- 1 tazza di latte
- 1 cucchiaino di salsa Worcestershire
- 1 cucchiaino di sale
- 1 cucchiaino di timo
- 1 cucchiaino di pepe nero
- 1 tazza di briciole di fiocchi di mais

Indicazioni:

a) Sciogliere 2 cucchiai di burro o margarina in una padella a fuoco medio, cuocere la cipolla e il peperone verde fino a doratura. Frullare il fagiano, le briciole e i condimenti. Scolare le verdure senza grasso e aggiungerle con l'uovo, il latte e la salsa Worcestershire. Mescolate bene e lasciate riposare qualche minuto per far amalgamare i sapori.

b) Versare un cucchiaio rotondo di composto in briciole, ricoprire con le briciole e con l'aiuto di una spatola trasferire in una padella a fuoco medio.

c) Friggere fino a doratura, usando 2 cucchiai di burro o margarina secondo necessità, girare una volta (10-15 minuti in tutto il tempo di cottura).

d) Non scuocete perché diventano asciutti. Questa miscela è difficile da maneggiare ma abbastanza buona da giustificare la pazienza nella preparazione delle polpette. La salsa di funghi può essere servita con le polpette per cambiare.

49. Hash di fagiano

(3-4 porzioni)

ingredienti

- 1 tazza di carne di fagiano cotta

- 1 patata

- 2 cucchiaini di peperone verde tritato

- 2 cucchiaini di cipolla tritata

- 1 Cucchiaio di pimento

- 1 cucchiaino di sale

- 1 cucchiaino di pepe

- 2 cucchiai di grasso

Indicazioni:

a) Metti il fagiano e la patata nel cibo

b) macinacaffè con lama da media a grossa. · Aggiungere pepe, cipolla, peperoncino e condimenti. Marrone

c) nel grasso per 15 minuti, mescolando di tanto in tanto.

ANATRA

50. anatra pechinese

Porzioni: 4–6

ingredienti

- 4½ libbre anatra intera

- 2 cucchiai di miele liquido

- 1 cucchiaio di grani di pepe di Szechuan

- 1 cucchiaio di sale marino

- 1 cucchiaio di polvere di cinque spezie cinese

- 1 cucchiaio di bicarbonato di sodio

- 6 cipollotti, tritati grossolanamente

- 3½ once di zenzero fresco, tritato grossolanamente

Per servire

- Frittelle

- 1 mazzetto di cipollotti

- ½ cetriolo grande, tagliato a scaglie sottili

- Salsa Hoisin

Indicazioni

a) Massaggia il miele su tutta l'anatra.

b) In un pestello e mortaio, schiaccia i grani di pepe di Szechuan e il sale marino fino a ridurli in polvere grossolana. Aggiungi la polvere di cinque spezie cinese e il lievito.

c) Distribuire il composto uniformemente sull'anatra, massaggiandolo sulla pelle mielata.

d) Farcire nella cavità metà dei cipollotti e dello zenzero.

e) Cuocete in forno a legna caldo per 25-40 minuti, ruotando la teglia a metà per assicurarne una croccantezza uniforme.

f) A metà cottura girate l'anatra per far diventare croccante anche la parte inferiore.

51. Anatra intera affumicata

Ingredienti:

- 5 libbre di anatra intera (rifilata del grasso in eccesso)

- 1 cipolla piccola (in quarti)

- 1 mela (a spicchi)

- 1 arancia (in quarti)

- 1 cucchiaio di prezzemolo fresco tritato

- 1 cucchiaio di salvia fresca tritata

- $\frac{1}{2}$ cucchiaino di cipolla in polvere

- 2 cucchiaini di paprika affumicata

- 1 cucchiaino di condimento italiano essiccato

- 1 cucchiaio di condimento greco essiccato

- 1 cucchiaino di pepe o a piacere

- 1 cucchiaino di sale marino o a piacere

Indicazioni:

a) Per fare il rub, unire la cipolla in polvere, il pepe, il sale, il condimento italiano, il

159

condimento greco e la paprika in una terrina.

b) Inserisci l'arancia, la cipolla e la mela nella cavità dell'anatra. Farcire l'anatra con prezzemolo e salvia appena tritati.

c) Condisci generosamente tutti i lati dell'anatra con la miscela di strofinamento.

d) Metti l'anatra sulla griglia.

e) Arrostire per 2-21/2 ore, o fino a quando la pelle dell'anatra è marrone e la temperatura interna del fumo della coscia raggiunge i 160°F.

52. Anatra dal fondo nero

Ingredienti:

- 3 anatre selvatiche o domestiche
- 4 cucchiai di succo di limone
- $\frac{1}{2}$ c. burro fuso

Imbastire

- 1 tazza di liquido dalla teglia
- $\frac{1}{2}$ tonnellata Farina
- 2 t. zucchero di canna
- 1 cucchiaio di aceto di vino
- Succo di $\frac{1}{2}$ arancia
- 1 ton. scorza d'arancia grattugiata

Indicazioni:

a) Stringere il liquido con la farina. Caramellare lo zucchero a fuoco basso, aggiungere l'aceto, il succo d'arancia e la scorza. Aggiungere al liquido addensato e versare sulle anatre.

b) Pulite, scottate e strofinate le anatre dentro e fuori con il succo di limone. Arrostire a 425/10 minuti per ogni libbra di anatra. Spennellate con il burro. Le anatre disossate sono meravigliose. Al termine, imbastire.

53. Anatra arrosto piccante

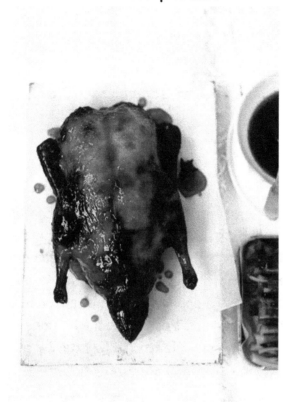

ingredienti

- 1 anatra selvatica
- 2 cucchiai di farina
- $\frac{1}{2}$ t. sale t. Pepe
- 1T. pimento intero, screpolato
- 1 foglia di alloro, sbriciolata

Indicazioni:

a) Strofinare l'anatra dentro e fuori con un composto di farina, sale, pepe e pimento. Cospargere sopra i pezzi di foglia di alloro. Mettere sulla griglia nella tostatrice (disporre più anatre vicine aiuta a prevenire l'essiccazione). Cuocere, coperto, in forno lento (325/) da $2\frac{1}{2}$ a 3 ore, o fino a quando sono teneri.

b) È una buona idea avvolgere ogni anatra nella carta stagnola l'ultima ora di tostatura.

54. Anatra selvatica in marinata di soia

ingredienti

- 2 anatre selvatiche, squartate
- 1-13½ once può bocconcini di ananas
- ½c. salsa di soia
- 1t. zenzero macinato
- ¼c. grasso o pancetta sgocciolata
- 1-3 once può funghi, scolati

Indicazioni:

a) Marinare le anatre per una notte nella miscela di ananas, salsa di soia e zenzero. Pulire la carne; marrone nel grasso.

b) Mettere in una casseruola bassa; versare su marinata e funghi. Cuocere, coperto a forno moderato (350/) 1 ora e mezza o finché non saranno teneri (aggiungere acqua, se necessario).

55. Filetti d'anatra

ingredienti

- 1 anatra selvatica
- batticarne istantaneo
- 2 fette di pancetta
- 2 cucchiai di olio per insalata

Indicazioni:

a) Con un coltello affilato, togliere la pelle all'anatra. Tagliare la carne dal petto in 2 filetti. Utilizzare il batticarne come indicato sulla confezione. Avvolgere ogni filetto con la fetta di pancetta; fissare con stuzzicadenti.

b) Cuocere i filetti in olio a fuoco moderato fino a quando non saranno dorati e teneri, circa 15 minuti per lato. Servire su un piatto caldo con nastri di pancetta cotta.

56. Anatra alla brace del Texas

ingredienti

- 2 anatre selvatiche
- 2 cucchiai di olio per insalata
- Salsa barbecue

Indicazioni:

a) Strofina le anatre con l'olio; rosolare sotto la griglia. Spennellare le anatre con metà della Salsa; mettere 1 cucchiaio di salsa in ogni cavità. Avvolgi ogni uccello strettamente in un foglio pesante; cuocere in una padella bassa in forno lento (325/) 1 ora, o finché non saranno teneri. Rimuovere la carta stagnola negli ultimi 15 minuti e versare il resto della salsa.

b) **Per grigliare all'aperto:** Procedere come sopra, rosolando su carboni ardenti e finendo su carboni ardenti.

c) **Per il**Salsa barbecue: soffriggere 2 cucchiai di cipolla tritata in $\frac{1}{4}$ di tazza di burro. Aggiungere $\frac{1}{2}$ tazza di ketchup, $\frac{1}{2}$ tazza di succo di limone, $\frac{1}{4}$ cucchiaino di paprika, $\frac{1}{2}$ cucchiaino di sale, $\frac{1}{4}$ cucchiaino di pepe, $\frac{1}{4}$ cucchiaino di

peperoncino macinato, 2 cucchiai di salsa
Worcestershire. Far sobbollire 15 minuti.

57. Gomma d'anatra

ingredienti

Azione:

- 3 anatre grandi o 4 piccole
- 1 gallone d'acqua
- 1 cipolla, tagliata in quattro
- 2 coste di sedano
- 2carote 2 foglie di alloro 3 t. sale
- 1 ton. Pepe

Gumbo:

- $\frac{3}{4}$c. Farina
- $\frac{3}{4}$c. olio
- 2 spicchi d'aglio, tritati
- 1 tazza di cipolle tritate finemente
- $\frac{1}{2}$c. sedano tritato finemente
- 1c. peperoni verdi tritati finemente
- 1 libbra di gombo tagliato in pezzi da $\frac{1}{4}$".
- 2 cucchiai di grasso di pancetta
- 1 libbra. gamberi crudi e sgusciati
- 1pt. ostriche e liquori
- $\frac{1}{4}$c. prezzemolo tritato
- 2 c. riso cotto

Indicazioni:

a) Anatre con la pelle; Lessare in acqua con cipolla, sedano, alloro, sale e pepe per circa 1 ora o fino a quando la carne d'anatra è tenera. Sforzo; scremare tutto il grasso e riservare 3 quarti di brodo. Se necessario, aggiungere il brodo di pollo o di manzo per fare 3 litri di brodo. Rimuovere la carne dalla carcassa e dai pezzetti; tornare a magazzino. Il brodo può essere preparato il giorno prima di fare il gumbo.

b) **Per Gumbo:**In un grande forno olandese, fare un roux marrone scuro con farina e olio. Aggiungere l'aglio, le cipolle, il sedano e il peperone verde; soffriggere l'okra nell'olio di pancetta fino a quando tutta la pasta non sarà svanita, circa 20 minuti; drenare. In una casseruola scaldare il brodo e aggiungere lentamente il roux e il composto di verdure. Aggiungi gombo; cuocere a fuoco lento per 1 ora e mezza. Aggiungere i gamberi, le ostriche e il loro liquore e cuocere altri 10 minuti. Unire il prezzemolo e togliere dal fuoco. Condire correttamente e servire su riso caldo e soffice. Serve 12.

COLOMBE

58. Colomba brasata nelle verdure

ingredienti

- 6 colombe
- 3 cucchiai di burro
- 4 scalogni o 6 scalogni, affettati grossolanamente
- 1 carota, affettata grossolanamente
- 1 costa di sedano con le foglie tagliate grossolanamente
- $\frac{1}{2}$ peperone verde, privato dei semi e affettato grossolanamente
- 2 foglie di alloro
- 1 ton. maggiorana (o timo, dragoncello o rosmarino)
- $\frac{1}{2}$c. liquido bollente, metà brodo di pollo, metà vino bianco $\frac{1}{4}$ c. panna acida a temperatura ambiente

Indicazioni:

a) Soffriggete le colombe nel burro finché non saranno leggermente dorate nella casseruola che intendete utilizzare. Metti da parte gli uccelli. Nel mixer o nel frullatore ridurre le 4 verdure a fette in un trito fine, ma non in una purea. Scolare, quindi saltare le verdure tritate nella casseruola. Aggiungere le erbe aromatiche, il liquido bollente e gli uccelli.

b) Coprite e infornate a 350° per 15-25 minuti. Rimuovi le colombe. Unire la panna acida alle verdure e servire come salsa. Se non è abbastanza sottile, aggiungere la panna dolce.

59. Colombe alla griglia

ingredienti

- $\frac{1}{4}$ c. olio
- 2 spicchi d'aglio, o scalogno, tritati
- 1 ton. rosmarino secco, sbriciolato
- Sale e pepe
- 6 colombe, divise all'indietro e appiattite

Indicazioni:

a) Mescolare l'olio, l'aglio o lo scalogno, il rosmarino, il sale e il pepe e spennellare su entrambi i lati gli uccelli.

b) Grigliare o cuocere alla griglia a 4-5 pollici dal fuoco 7-8 minuti di lato, ungendo più volte con la miscela di olio.

60. Colomba brasata con riso selvatico

ingredienti

- 1 tazza di riso selvatico, lavato
- 10 seni da immersione
- succo di $\frac{1}{2}$ limone
- sale e pepe
- 3 cucchiai di burro
- 4 scalogni o scalogno, tritati
- 1 costa di sedano, tritata
- $\frac{1}{2}$ libbra di funghi
- $\frac{1}{2}$ tonnellata Dragoncello
- $\frac{1}{2}$ c. vermouth secco o vino bianco
- $1\frac{1}{2}$ c. Brodo di pollo

Indicazioni:

a) Lavate il riso selvatico fino a quando l'acqua non sarà limpida. Drenare. Pelare i petti di colomba, strofinarli con il succo di limone, salarli e peparli. Nel burro fate rosolare lo scalogno o lo scalogno, il sedano e i funghi.

b) Mettere il riso sul fondo della casseruola, adagiare i petti di colomba e aggiungere il resto degli ingredienti.

c) Coprire e cuocere in forno a 325° per $1\frac{1}{2}$-$1\frac{3}{4}$ ore.

61. Colombe con riso a Marsala

ingredienti

- 1 tazza di riso crudo
- 3 cucchiai di burro
- 4 colombe
- Succo di limone
- Sale e pepe
- $\frac{1}{2}$ tonnellata rosmarino, sbriciolato
- 8 cipolle bianche piccole
- $\frac{1}{2}$ libbra di funghi
- 1c. Brodo di pollo
- 1c. Madera

Indicazioni:

a) Soffriggere il riso nel burro, facendolo rosolare ma non bruciandolo. Mettere sul fondo di una casseruola. Strofinate le colombe dentro e fuori con il succo di limone, poi con sale, pepe e rosmarino. Adagiate le colombe sul riso e circondate con le cipolle e i funghi.

b) Versare il brodo e il Madeira sulle colombe, coprire e cuocere a fuoco lento in forno a 350° per 30-40 minuti.

62. Petti di colomba alla brace

ingredienti

- 12 petti di colomba - giovani uccelli
- $\frac{1}{2}$ bottiglia (18 once) salsa barbecue con pezzetti di cipolla
- 1 tazza di zucchero di canna ben confezionato
- $\frac{1}{4}$ c. vino rosso
- $\frac{1}{2}$ tonnellata salsa Worcestershire
- 12 fette di pancetta Stuzzicadenti

Indicazioni:

a) Avvolgere la pancetta intorno al petto e fissarla con uno stuzzicadenti. Mettere su una griglia a gas calda o sopra una carbonella a uno strato e spennellare con la salsa.

b) Grigliare per 10 minuti. Girare, spennellare con la salsa e grigliare per altri 5 minuti o fino a cottura.

QUAGLIA

63. Quaglia 'N Bacon del Texas

ingredienti

- 10 petti di colomba o di quaglia
- 5 patate medie, sbucciate e tagliate a metà nel senso della lunghezza
- 5 fette di pancetta
- $\frac{1}{2}$ c. briciole di pane
- $\frac{1}{4}$c. parmigiano grattugiato
- $\frac{1}{4}$c. germe di grano (facoltativo)
- 1 ton. sale Pepe qb
- $\frac{1}{4}$ stick di margarina, sciolta
- 1 sacchetto per dorare grande

Indicazioni:

a) Tagliate le fette di pancetta a metà. Avvolgere ogni petto di colomba o di quaglia con $\frac{1}{2}$ fetta di pancetta.

b) Unire il pangrattato, il parmigiano, il germe di grano e il sale. Immergere le patate nella margarina sciolta e poi nella miscela di cui sopra. Metti il lato piatto verso il basso in un grande sacchetto per la doratura.

c) Arrotolare i petti di colomba nel composto e adagiarli sopra le patate.

Pepe qb. Cuocere a 350/ per 1 ora. Serve da quattro a sei.

64. Quaglia su strisce di verdure e prosciutto

ingredienti

- 4 cucchiai di olio vegetale
- 1 ton. zenzero fresco tritato
- 3 quaglie, spaccate
- Sale e pepe
- 3-4 cucchiai di brodo di pollo
- 1 zucchina media, tagliata a listarelle sottili
- 1 carota, raschiata e tagliata a listarelle sottili
- 4 scalogni interi, tagliati a listarelle sottili
- 2 grossi gambi di broccoli, sbucciati e tagliati a listarelle sottili
- 2 once prosciutto crudo o prosciutto crudo, tagliato a listarelle sottili

Indicazioni:

a) In una padella capiente o in un wok scaldare 2 cucchiai di olio con lo zenzero.

b) Rosolare la quaglia da tutti i lati. Salatele e pepatele. Aggiungere un po' di brodo, coprire e cuocere a vapore lentamente per 15 minuti.

c) Eliminate le quaglie con il loro sugo e tenetele al caldo. Serve 2-3.

65. Quaglia Ripiena

ingredienti

- 1 tazza di briciole di cracker
- 2 strisce di pancetta, croccante saltata e sbriciolata
- 2 cucchiai di sedano tritato
- 1 tazza di brodo di pollo (il brodo va bene)
- 1 fetta di pancetta per ogni quaglia
- 6-8 quaglie
- Burro
- $\frac{1}{2}$ c. vino bianco o vermut

Indicazioni:

a) Preriscaldare il forno a 350/. Mescolare le briciole, la pancetta sbriciolata e il sedano con $\frac{1}{2}$ tazza di brodo di pollo per il ripieno. Avvolgere 1 fetta di pancetta attorno a ciascuna quaglia e tenerla ferma con uno stuzzicadenti.

b) Mettere in una casseruola imburrata e resistente al forno. Aggiungere il vino e cuocere senza coperchio per 30 minuti. Aggiungere il liquido dalla restante $\frac{1}{2}$ tazza di brodo se è necessario più liquido.

66. Quaglia su letto di porri

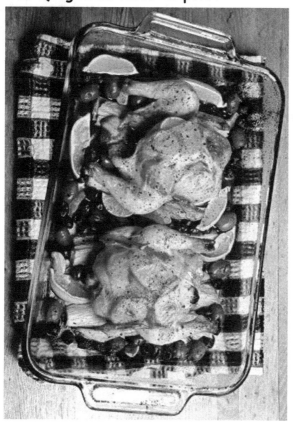

ingredienti

- 8 quaglie
- 4 cucchiai di burro
- 1 cucchiaio di olio vegetale
- 6-8 porri, circa 2 c., tagliati a fette da 1 pollice
- Sale e pepe macinato fresco
- 1 tazza di crema pesante
- 2 cucchiai di prezzemolo tritato

Indicazioni:

a) In una padella capiente o in un wok fate rosolare la quaglia con 1 cucchiaio di burro e l'olio, facendola rosolare velocemente da tutti i lati. Rimuovere. Fate rosolare i porri nella stessa padella con il burro rimasto.

b) Aggiungere solo un po' d'acqua - non più di 2 cucchiai - coprire e cuocere lentamente per circa 10 minuti fino a quando i porri hanno iniziato ad ammorbidirsi e hanno assorbito il liquido.

c) Adagiate la quaglia sopra i porri, salateli e pepateli, quindi aggiungete la panna tutt'intorno. Coprire e cuocere lentamente per 20 minuti. Cospargete di

198

prezzemolo sopra al momento di servire.
Serve 4.

67. Quaglia con panna acida e pancetta

ingredienti

- 16 petto di quaglia
- 16 fette di pancetta normale
- 1 tazza di panna acida
- 1-10$\frac{3}{4}$ once può crema condensata di zuppa di funghi
- 1 tazza di funghi affettati

Indicazioni:

a) Condire la quaglia con sale e pepe a piacere. Avvolgere la quaglia con la pancetta. Unire la panna acida e la zuppa con i funghi.

b) Cucchiaio sopra gli uccelli. Cuocere, senza coperchio, a 275/ per 3 ore. Per 8 persone. Servire sul riso.

CONIGLIO

68. Tortino di coniglio al formaggio

ingredienti

- 1 8 once confezione di crema di formaggio, tagliata a cubetti
- $\frac{1}{2}$ tazza di brodo di pollo
- 3 tazze di coniglio cotto tritato
- 16 once verdure miste surgelate, scongelate
- $\frac{1}{2}$ cucchiaino di sale all'aglio
- 1 uovo
- $\frac{1}{2}$ tazza di latte
- 1 tazza di composto da forno per tutti gli usi
- Spezie preferite

Indicazioni:

a) Preriscaldare il forno a 400°F.

b) Cuocere la crema di formaggio e il brodo in una casseruola ampia a fuoco basso fino a quando la crema di formaggio non è completamente

c) sciolto e il composto è ben amalgamato, mescolando spesso con la frusta.

d) Mescolare coniglio, verdure, sale all'aglio e altre spezie preferite; cucchiaio in una tortiera da 9 pollici.

e) Sbattere l'uovo, il latte e il composto da forno in una ciotola media con la frusta fino a quando non saranno ben amalgamati. Unire il composto da forno

f) fino a quando non sarà inumidito, quindi versare il composto sulla carne di coniglio.

g) Disporre la teglia su una teglia.

h) Cuocere per 25-30 minuti o fino a doratura.

69. Coniglio Alla Griglia Con Verdure

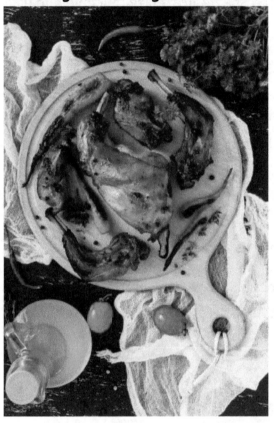

ingredienti

- 4 giovani zampe di coniglio (1 libbra)

- $\frac{1}{4}$ tazza di condimento per vinaigrette, diviso

- 1 zucchina e zucca, tagliate a tocchetti

- 1 peperone rosso, tagliato a tocchetti

- 1 tazza di asparagi freschi tagliati a pezzi

- 1 cipolla rossa piccola, tagliata a tocchetti

- Spezie preferite (a piacere)

- $\frac{1}{4}$ tazza di pezzi di ananas (facoltativo)

Indicazioni:

a) Scaldare la griglia a fuoco medio-alto.

b) Spennellate le cosce di coniglio con 2 cucchiai di condimento, quindi lasciate riposare per 10 minuti.

c) Nel frattempo, fai dei fori sul fondo di una teglia usa e getta di alluminio.

d) Condire le verdure con il condimento rimanente.

e) Mettere nella padella preparata.

f) Cospargere le spezie preferite sugli ingredienti

g) Disporre le cosce di coniglio e una padella di verdure sulla griglia.

h) Grigliare per 20 minuti o fino a quando il coniglio è cotto (165°F) e le verdure sono croccanti e tenere, girando il coniglio dopo 10 minuti e mescolando le verdure di tanto in tanto.

70. Un Piatto Coniglio e Patate Dolci

ingredienti

- $\frac{1}{2}$ tazza di condimento italiano

- 3 cucchiai di zucchero di canna

- 1 cucchiaio di timo fresco tritato

- 1 $\frac{1}{2}$ libbra di patate dolci (circa 3), tagliate a spicchi larghi 3/4 di pollice

- 1 coniglio giovane (3 libbre), tagliato in 8 pezzi

Indicazioni:

a) Riscaldare il forno a 375°F.

b) Mescolare il condimento, lo zucchero e il timo in una ciotola capiente.

c) Aggiungere le patate; lanciare per ricoprire.

d) Trasferire le patate in una padella da 15x10x1 pollice, riservando il condimento

e) miscela in una ciotola.

f) Aggiungere il coniglio giovane alla miscela di condimento riservata; lanciare per ricoprire.

g) Mettere in padella con le patate.

h) Cuocere per 1 ora o fino a quando le patate sono tenere e il coniglio è cotto (165°F).

i) Trasferire coniglio e patate su un piatto.

j) Filtrare lo sgocciolamento dalla padella; versare la salsa scolata sul coniglio.

71. Coniglio creolo

ingredienti

- 1 coniglio grande, giovane o adulto, squartato
- 1 lattina di brodo di pollo o dado da brodo mescolato con acqua
- o altra bevanda liquida
- 1 lattina di salsa di pomodoro o zuppa
- 1 cipolla media, tritata o affettata
- $\frac{1}{2}$ cucchiaino di aglio tritato o $\frac{1}{2}$ cucchiaino di aglio in polvere
- 2 cucchiaini di salsa di peperoni o peperoni piccanti
- Sale, pepe, coriandolo e altre spezie a scelta

Indicazioni:

a) Mescolare brodo e condimenti in uno stufato o in una pentola di coccio,

b) o teglia.

c) Aggiungere la carne di coniglio.

d) Cuocere a fuoco lento fino al termine.

e) Consiglio: Ideale da servire su riso e fagioli.

72. Coniglio al barbecue tirato

ingredienti

- $\frac{1}{2}$ tazza di brodo di pollo

- 1 coniglio più vecchio

- $\frac{1}{2}$ tazza di birra o vino, se lo si desidera

- $\frac{1}{2}$ cucchiaino di aglio o $\frac{1}{2}$ cucchiaino di aglio in polvere, se lo si desidera

- $\frac{1}{4}$ tazza di cipolla tritata, se lo si desidera

- Salsa e spezie per barbecue

- 2 foglie di alloro

Indicazioni:

a) Cuocere a fuoco lento tutti gli ingredienti in liquido con condimenti a scelta in una pentola di coccio o in una teglia fino a quando

b) fatto.

c) Dopo che è completamente cotto, estrarre il coniglio e lasciare riposare la carne (scolare e raffreddare).

d) Estrarre la carne di coniglio dalle ossa una volta che è abbastanza fredda da poter essere maneggiata.

e) Rimettere la carne stirata in una pentola di coccio o in una padella, aggiungere la salsa barbecue a piacere.

f) Riscaldate la carne con la salsa BBQ.

73. Tacos di coniglio tirati

ingredienti

- $\frac{1}{2}$ tazza di brodo di pollo
- 1 coniglio più vecchio
- $\frac{1}{2}$ tazza di birra o tequila, se lo si desidera
- $\frac{1}{2}$ cucchiaino di aglio o $\frac{1}{2}$ cucchiaino di aglio in polvere, se lo si desidera
- $\frac{1}{4}$ tazza di cipolla tritata, se lo si desidera
- Tutte le tue spezie/condimenti preferiti di tipo messicano; oppure puoi usare un pacchetto di mix di taco commerciale
- 2 foglie di alloro
- tacos
- Condimenti: lattuga grattugiata, pomodori a pezzetti, formaggio, salsa, panna acida e jalapeño

Indicazioni:

a) Cuocere lentamente il coniglio in liquido con gli ingredienti e i condimenti di cui sopra in una pentola di coccio o in una teglia fino a cottura.

b) Raffreddare dopo che è completamente cotto. Scolare la carne di coniglio e

lasciarla riposare (scolare e
raffreddare).

c) Staccare la carne dalle ossa, rimetterla
in una pentola o padella di coccio e
aggiungere i condimenti a piacere.

d) Riscaldare la carne di coniglio stirata.

e) Servire quando è ben riscaldato.

f) Passa al piatto da portata.

g) Caricare i gusci di taco e guarnire a
piacere.

OCA

74. Oca delle nevi al curry verde

ingredienti

- 2 Oche delle nevi, tagliate a cubetti da 1 pollice

- 24 once di latte di cocco, in scatola

- 2 cucchiai di olio

- 2 cucchiai di salsa di pesce

- 1 cucchiaino di sale

- 4 cucchiai di foglie di coriandolo, fresche tritate

- 3 cucchiai di pasta di curry, verde

- 2 peperoncini verdi, freschi tritati

- 1 cucchiaio di scorza di limone grattugiata

Indicazioni:

a) Fai bollire metà del latte di cocco e dell'olio a fuoco medio-alto per 4-5 minuti, o finché non inizia ad addensarsi.

b) Aggiungere la pasta di curry e cuocere a fuoco lento per 5 minuti mescolando continuamente.

c) Aggiungere la carne d'oca e cuocere a fuoco medio-alto per circa 15 minuti.

d) Aggiungere la restante metà del latte di cocco, la scorza di limone, il sale e la salsa di pesce.

e) Mescolare fino a quando il composto inizia a bollire.

f) Abbassate la fiamma, togliete il coperchio e fate sobbollire per 35 minuti.

g) Aggiungere i peperoncini tritati e le erbe aromatiche. Far sobbollire 5 minuti.

75. Fajitas dell'oca delle nevi

ingredienti

- Carne di oca delle nevi da 1 libbra, tagliata a strisce sottili

- 1 peperone verde

- 1 peperone rosso

- 1 peperone giallo

- 1 cipolla rossa

- 4 once di birra o succo di mela

- 2 cucchiai di olio

- 2 cucchiai di peperoncino in polvere

- 1/2 lime, spremuto

- 1/4 cucchiaino di pepe di Caienna

- Sale e pepe a piacere

- tortillas di farina

- salsa

- panna acida

Indicazioni:

a) Tagliate tutte le verdure a listarelle.

b) Scaldare l'olio in una padella di ghisa fino a quando non sarà ben caldo. Aggiungere la carne d'oca e le spezie.

c) Soffriggere velocemente fino a quando la carne non sarà abbastanza cotta, quindi aggiungere le verdure e friggere, sempre a fuoco vivo, finché le verdure non saranno tenere e croccanti (circa 3-5 minuti).

d) Aggiungere la birra o il succo di mela e spremere il lime, continuare a mescolare fino a quando non si sarà ben amalgamato.

e) Servire dalla padella alla tortilla e guarnire con salsa e panna acida a piacere.

76. Oca delle nevi al pesto

ingredienti

- 3 libbre di carne SNOW GOOSE, affettata

- 3 bicchieri di vino bianco

- 3/4 tazza di pesto

- 1 cucchiaino di semi di finocchio, schiacciati

- 1 cucchiaino di semi di cumino

- 1 cucchiaino di coriandolo, macinato

- 1/2 cucchiaino di zucchero

Indicazioni:

a) Marinare la carne d'oca nel vino bianco per una notte in frigorifero.

b) Scolare la carne.

c) Rosolare la carne in una padella elettrica. Aggiungere finocchio, zucchero, coriandolo, cumino e pesto.

d) Fate sobbollire per 1 ora.

77. Oca delle nevi saltata in padella

ingredienti

- Carne d'oca delle nevi, tagliata a fette spesse 1/2 pollice

- 1 tazza di salsa teriyaki

- 1 bicchiere di vino bianco

- 5 cucchiaini di polvere di cinque spezie

- 3 tazze di verdure cinesi, affettate

Indicazioni:

a) Per fare la marinata, mescolare la salsa teriyaki, il vino bianco e la polvere di cinque spezie.

b) Marinare la carne per 2-4 ore (più è lunga, meglio è). Drenare.

c) Soffriggere nel wok caldo o in una padella nera in olio di sesamo. Aggiungere le verdure e friggere fino a quando le verdure non saranno tenere e croccanti.

78. Medaglioni dell'oca delle nevi

ingredienti

- 1 petto d'oca delle nevi

- 1/3 tazza di cognac

- 1/3 bicchiere di vino bianco

- 1/3 tazza di crema

- 2 cucchiai di burro chiarificato

- farina per dragare

- Sale e pepe a piacere

Indicazioni:

a) Mescolare la farina con sale e pepe a piacere. Infarinate leggermente la carne d'oca affettata.

b) Rosolare velocemente nel burro chiarificato a fuoco medio-alto. Dopo aver saltato la carne, mettetela da parte in un piatto a parte. (Non cuocere troppo.)

c) Sfumare la padella prima con il cognac, poi con il vino. Una volta che l'alcool si sarà sciolto, aggiungete lentamente la

panna. Cuocere fino a quando non si sarà
ben amalgamato e addensato.

d) Versare sopra la carne d'oca saltata e
servire.

79. Bistecca alla fiorentina d'oca delle nevi

ingredienti

- 2 petti d'oca delle nevi, tagliati a fette spesse 1/2'

- 1/2 tazza di condimento per insalata Caesar

Indicazioni:

a) Marinare la carne per una notte in condimento per insalata.

b) Scaldare una padella di teflon a fuoco alto.

c) Mettere i petti in padella e rosolare la superficie della carne.

d) Abbassare il fuoco e cuocere a fuoco medio.

80. Gomma d'oca delle nevi

ingredienti

- 4 Oche delle nevi intere, disossate e spellate

- 1 pollo intero, tagliato a cubetti

- 4 litri d'acqua

- 28 once di pomodori stufati, in scatola

- 1 libbra di salsiccia affumicata, tritata

- 1 libbra di gombo, congelato, affettato

- 2 tazze di cipolle bianche, tritate

- 2 tazze di peperone verde, tritato

- 1 tazza di olio

- 3/4 tazza di farina

- 3 cucchiai di condimento creolo

- 1 cucchiaio di salsa tabasco

- 2 cucchiaini di pepe nero

- 1 cucchiaino di foglie di sassofrasso, finemente macinate

Indicazioni:

a) In una pentola capiente, coprire il pollo intero con acqua (circa 4 litri). Far bollire fino a quando la carne non si stacca dall'osso (circa 1/2 ora).

b) Eliminate le ossa e la pelle, lasciate la carne di pollo nel brodo e mettete da parte.

c) In una larga padella di ferro, unire l'olio e la farina, cuocere a fuoco medio e mescolare continuamente fino a quando non prende colore. Questo è ciò che i Cajun chiamano roux e costituisce la base di molti dei loro cibi.

d) Una volta fatto il roux, aggiungere le cipolle, il peperone verde, la carne d'oca e la salsiccia affumicata. Cuocete il tutto per circa 10 minuti. Quindi aggiungere tutto nella pentola capiente del brodo di pollo.

e) Condire con condimento creolo, pepe nero, pepe di Caienna e tabasco.

f) Portare a bollore mescolando, quindi lasciar sobbollire per un paio d'ore.

g) Aggiungere i pomodori stufati e il gombo. Far bollire per 15 minuti. Se necessario aggiungete ancora un po' d'acqua (non mi piace troppo densa) e fate sobbollire fino al momento di mangiare. Dopo che si sarà leggermente addensato, assaggiate il liquido per vedere se sono necessarie più spezie. Se aggiungi più spezie, fai sobbollire ancora un po' per amalgamare i sapori.

h) Circa 5 minuti prima di mangiare, aggiungere i sasafras (file gumbo) e mescolare bene.

i) Il gumbo avanzato si congela bene. Porta un lotto congelato al campo delle anatre se non hai tempo da dedicare alla cottura. Migliora con l'invecchiamento (anche più piccante)!

81. Oca delle nevi del Sichuan

ingredienti

- 2 Oche delle nevi, scuoiate e disossate, strisce spesse 1/4 di pollice

- 2 uova

- 4 cucchiai di amido di mais

- 2 cucchiaini di sale

- 4 spicchi d'aglio, tritati

- 1 cipolla grande, tritata

- 1/4 tazza di brodo di pollo

- 3 cucchiai di salsa di soia

- 2 cucchiai di radice di zenzero fresca, tritata

- 2 cucchiai di ketchup

- 2 cucchiai di salsa di hoisin

- 2 cucchiai di sherry o vino di riso

- 1 cucchiaio di peperoncini piccanti, tagliati a dadini

- 1 cucchiaio di zucchero

- 1 cucchiaio di aceto di vino rosso

- 1 cucchiaino di peperoncino, essiccato e tritato

Indicazioni:

a) Frullare l'uovo, il sale e l'amido di mais in una pastella sottile. Ricoprire la carne con il composto.

b) Cuocere in friggitrice. Scolare, scolare e mettere da parte.

c) Scaldare l'olio in una padella capiente, aggiungere l'aglio, la cipolla, lo zenzero, i peperoncini piccanti e il peperoncino e far rosolare a fuoco vivo per 2-3 minuti o fino a quando la cipolla inizia a prendere colore.

d) Aggiungere il brodo di pollo, la salsa di soia, il ketchup, la salsa hoisin, lo sherry o il vino di riso, l'aceto di vino rosso e lo zucchero e mescolare a fuoco medio-alto finché la salsa non si addensa.

e) Aggiungere l'oca cotta e cuocere a fuoco basso per altri 5 minuti.

82. Stufato Di Oca Delle Nevi

ingredienti

- 2 libbre di carne SNOW GOOSE, tagliata a cubetti

- 2 confezioni di linguine o fettuccine fresche

- Gamberetti da 1 libbra, grandi, crudi, sbucciati

- 2 salsicce italiane grandi, piccanti, affettate

- 1 tazza di funghi, tritati

- 4 scalogni, tritati

- 1 lattina di crema di funghi, condensata

- 1 peperone rosso, tritato

- 3/4 tazza di parmigiano grattugiato

- 1 cucchiaino salato

Indicazioni:

a) Rosolare insieme la carne d'oca e le salsicce per 5 minuti in una padella.

b) Drenare.

c) Mettere la zuppa di funghi in una casseruola. Aggiungere l'oca e la salsiccia. Mescolata. Aggiungere i funghi, lo scalogno, il peperoncino e la santoreggia. Mescolata. Cuocere a fuoco basso.

d) Aggiungere liquido (acqua/vino) se necessario. Se vengono utilizzati funghi freschi, verrà generato abbastanza liquido. Cuocere a fuoco lento per almeno 30 minuti per concludere la cottura e l'amalgama dei sapori.

e) Aggiungere i gamberi, cuocere senza far bollire, per altri 3-5 minuti. 15 minuti prima di servire, preparare la pasta.

f) Mettere la pasta in una ciotola capiente. Coprite con lo stufato e spolverizzate con il parmigiano.

83. Cotolette Di Oca Delle Nevi

ingredienti

- 1 petto d'oca delle nevi, tagliato a metà

- Farina

- Sale e pepe a piacere

- 1 uovo

- 3/4 tazze di latte

- 1 tazza di cracker, macinati finemente

Indicazioni:

a) Affettare i petti orizzontalmente, in modo da formare tre filetti piatti e ovali per mezzo petto.

b) Infarinare il petto rotolandolo nella farina, condire con sale e pepe. Sbattere insieme l'uovo e il latte.

c) Immergere il filetto ricoperto nel composto di uova e latte. Quindi arrotolare il filetto nei cracker di soda. Friggere in olio bollente fino a doratura e la carne si è raffreddata a fuoco medio (circa 3 minuti per lato).

84. Oca delle nevi stagionata

ingredienti

- 4 petti d'oca delle nevi, a filetti

- 8 fette di pancetta

- 1 1/2 bastoncini di burro, a fette

- 1 foglia di alloro, schiacciata

- 1 cucchiaio di condimento per pollame

- 1 cucchiaino di prezzemolo

- 1 cucchiaino di sale

- 1 pizzico di pepe nero

- 1 pizzico di peperoncino rosso

- 1 pizzico di cannella

Indicazioni:

a) Preriscaldare il forno a 350°F.

b) Sciacquare i filetti. Avvolgere la pancetta intorno ai filetti e disporli in una teglia foderata con un grande foglio di alluminio.

c) Aggiungere le fette di burro, cospargere con i condimenti e sigillare bene la carta stagnola in cima.

d) Cuocere per 1 1/2 ore.

85. Runza dell'oca delle nevi

ingredienti

- Carne di oca delle nevi da 1 libbra, macinata grossolanamente

- pasta di pane, sufficiente per una pagnotta

- 6 fette di pancetta canadese, tritate finemente

- 5 tazze di cavolo cappuccio, tritato

- 1 tazza di cipolle, tritate

- 1 tazza di formaggio cheddar, grattugiato

- 2 cucchiai di semi di cumino

- 1/2 foglia di alloro, macinata

- Sale e pepe a piacere

- acqua

Indicazioni:

a) Preriscaldare il forno a 350°F.

b) Stendere l'impasto di pane su 1/4 di pollice di pasta sollevata. Tagliare in quadrati da 6 pollici per 6 pollici.

c) Rosolare leggermente la carne d'oca con la pancetta. Aggiungere sale e pepe a piacere.

d) Trasferire dalla padella al boccale. Soffriggere il cavolo cappuccio e le cipolle nella stessa padella. Trasferire nella stessa terrina.

e) Aggiungere il cumino, la foglia di alloro e il formaggio.

f) Mescolare bene e distribuire il composto su ciascuno dei quadrati di pasta. Ricoprire il bordo dell'impasto con acqua o albumi e schiacciare.

g) Cuocere in forno per 1 ora e 1/2.

h) Si congela bene e può essere scaldato nel microonde per scongelarlo e mangiarlo.

86. Torta d'oca delle nevi

ingredienti

- gambe e petti di 2 Oche delle nevi
- 4 cubetti di brodo di manzo
- 2 tazze di patate, tagliate a dadini
- 1 tazza di carote, tagliate a dadini
- 1 tazza di acqua fredda
- 1/2 tazza di cipolle, tritate
- 1/4 tazza di farina
- 1 spicchio d'aglio
- 2 cucchiai di sale condito
- 1 cucchiaino di salsa Worcestershire
- 1 guscio di torta da 10 pollici, crudo

Indicazioni:

a) Metti i primi 6 ingredienti in un grande forno olandese e copri con acqua.

b) Cuocere a fuoco lento finché la carne non cade dalle ossa delle gambe, per circa 3-4 ore.

c) Far raffreddare, togliere la carne dalle ossa. Scartare la carne ancora dura.

d) Tritare i petti se non sono già sfaldati.

e) Rimetti la carne nel brodo nel forno olandese e aggiungi le verdure.

f) Cuocere finché le verdure non saranno tenere, circa 30 minuti. Assaggiare per controllare il condimento e aggiungere un po' di sale o più condimento a piacere.

g) Frullare la farina nell'acqua fredda, scuotendola in un barattolo o utilizzando un frullatore a immersione. Unire al ripieno della torta; cuocere a fuoco lento e mescolare per circa 2 minuti.

h) Versare nel guscio di torta non cotto. Coprite con la crosta superiore, tagliate delle fessure per permettere al vapore di fuoriuscire e infornate a 200° per 10 minuti.

87. Oca delle nevi hawaiana affumicata

ingredienti

- 4 filetti di petto d'oca delle nevi

- 14 once di ananas schiacciato, in scatola

- 2 fette di pancetta

- 3/4 tazza di salsa di senape al miele

- 1/2 tazza di salsa di senape al miele

- 3 cucchiai di aroma di fumo liquido

- succo di 1 limone

- 1/2 cucchiaino di aglio sale o polvere

- pepe a piacere

Indicazioni:

a) Mescolare insieme l'olio d'oliva, la salsa di senape, l'aroma liquido di affumicatura, il succo di limone, il pepe e le spezie all'aglio in una teglia poco profonda. Aggiungere i petti d'oca delle nevi e marinare per 18-36 ore.

b) Preriscaldare il forno a 325°F.

c) Cuocere nella stessa padella per 45
    minuti con una fetta di pancetta da 3
    pollici sopra ogni petto.

d) Aggiungere l'ananas e cuocere per altri
    40 minuti.

88. Cassoulet dell'oca delle nevi

ingredienti

- Carne di oca delle nevi da 1 libbra, cotta e tritata

- 1 libbra di grandi fagioli secchi del nord

- Salsiccia di maiale da 1 libbra, dolce

- 1 1/2 bicchieri di vino bianco

- 1 tazza di cipolla, tritata

- 1/2 tazza di briciole di pane secco

- 1/2 tazza di briciole di pane secco

- 1/2 tazza di prezzemolo fresco, tritato

- 1/4 tazza di burro

- 2 rametti di prezzemolo fresco

- 2 spicchi d'aglio

- 1 foglia di alloro

- 1 rametto di timo fresco o maggiorana

- 2 cucchiaini di sale

- 1 cucchiaino di pepe nero

Indicazioni:

a) Mettere a bagno i fagioli per una notte in acqua fino a coprirli.

b) Il giorno dopo, cuocere a fuoco lento con una foglia di alloro, rametti di prezzemolo, rametto di timo o maggiorana, sale, pepe nero e uno spicchio d'aglio finché non saranno quasi teneri.

c) Tritate lo spicchio d'aglio rimasto e fatelo rosolare con la salsiccia sbriciolata e la cipolla tritata fino a quando la salsiccia non sarà dorata.

d) Disporre uno strato di fagioli cotti sul fondo di una casseruola capiente.

e) Aggiungere uno strato di carne d'oca, poi altri fagioli e poi salsiccia.

f) Continua a stratificare in questo modo quasi fino alla parte superiore del piatto. A questo punto mescolate il vino e la passata di pomodoro e versate sulla casseruola. Ricoprite con il pangrattato secco mescolato con il prezzemolo e il burro. Cuocere in una 350 ° F fino a quando i fagioli sono teneri.

89. Casseruola di oca delle nevi e riso selvatico

ingredienti

- 2 tazze di carne SNOW GOOSE, a cubetti

- 2 tazze d'acqua

- 1 1/2 tazze di latte evaporato

- 1 tazza di funghi freschi, affettati

- 1 tazza di castagne d'acqua, in scatola, scolate e affettate

- 1/2 tazza di riso selvatico, crudo

- 1/2 tazza di mandorle affettate

- 1/3 di tazza d'acqua

- 1/4 di tazza di margarina

- 1/4 di tazza di pimiento, scolato e affettato

- 3 cucchiai di farina

- 2 cucchiaini di brodo di pollo in granuli

- 1/2 cucchiaino di castagne d'acqua, in scatola scolate e affettate

- 1/2 cucchiaino di peperoncino

Indicazioni:

a) In una casseruola, unire 2 tazze di acqua, riso e sale.

b) Portare a bollore, mescolando una volta.

c) Coprire e cuocere a fuoco lento fino a quando il riso è appena tenero (30-45 minuti).

d) Scolare e mettere da parte.

e) Scaldare il forno a 350°F. Ungete 1 pirofila da 1/2 quarto.

f) Sciogliere il burro, aggiungere i funghi. Cuocere e mescolare fino a quando sono appena teneri.

g) Unire la farina, i granuli di brodo e 1/2 cucchiaino di sale.

h) Unire il latte e 1/3 di tazza d'acqua.

i) Cuocere, mescolando continuamente fino a quando non si sarà addensato e spumeggiante, circa 5 minuti.

j) Togliere dal fuoco, mantecare con l'oca, le castagne d'acqua, il riso e il pimiento.

k) Versare in una casseruola e cospargere di mandorle.

l) Coprire e cuocere per 30 minuti. Togliere il coperchio e continuare a cuocerne un altro

m) 15-30 minuti, fino a quando la casseruola è calda e spumeggiante.

90. Coda di castoro sbriciolata e fritta

ingredienti

- 1 coda di castoro
- 1 tazza d'acqua
- 1 tazza di aceto
- 1 uovo, sbattuto
- briciole di pane
- burro, olio di grasso per friggere

Indicazioni:

a) Pelare la coda, lavarla bene, quindi coprirla in una pentola con acqua e aceto. Cuocere a fuoco lento per circa 1 ora e mezza o fino a quando saranno teneri.

b) Scolare la carne, che assomiglierà al maiale, e tagliarla a fette come si farebbe per il London Broil.

c) Passare le fette nell'uovo sbattuto e passarle nel pangrattato. Friggere fino a doratura.

BISONTE

91. Polpettone Di Bisonte

ingredienti

- Bisonte macinato da 1 libbra
- $\frac{1}{4}$ tazza di pangrattato
- $\frac{1}{2}$ tazza di brodo di manzo
- 1 uovo (sbattuto)
- $\frac{1}{4}$ tazza di cipolla grattugiata
- $\frac{1}{4}$ tazza di parmigiano grattugiato
- 1 cucchiaio di concentrato di pomodoro
- 2 cucchiaini di salsa Worcestershire
- $\frac{3}{4}$ cucchiaino di sale da cucina
- $\frac{1}{4}$ cucchiaino di paprika
- $\frac{1}{4}$ cucchiaino di pepe nero
- $\frac{1}{8}$ cucchiaino tondo di salvia macinata

Smalto

- $\frac{1}{3}$ tazza di ketchup
- 2 cucchiai di aceto balsamico
- 1 cucchiaio di zucchero di canna

Indicazioni:

a) Preriscaldare il forno a 350 gradi.

b) Sbriciolare delicatamente il bisonte in una ciotola capiente e aggiungere tutti gli altri ingredienti del polpettone. Lavorare insieme per incorporare completamente.

c) Mescolare insieme gli ingredienti della glassa in un piatto separato.

d) Dipingere due cucchiai di glassa sul fondo di una teglia o di una teglia e adagiare sopra il composto di polpettone. Formare un polpettone in una pagnotta di 2-3 pollici di spessore. Quindi dipingere la glassa rimanente sopra il polpettone.

e) Mettere il polpettone in forno e cuocere per 40 minuti, o fino a quando la temperatura interna non raggiunge i 160 gradi.

f) Fate raffreddare leggermente e servite.

92. Bisonte Stroganoff

ingredienti

- 1 libbra di bisonte macinato può sostituire la carne macinata magra

- 2 barattoli di crema di funghi (circa 10,5 once ciascuno)

- 8 once di funghi freschi affettati

- $\frac{1}{4}$ tazza di panna acida

- $\frac{1}{2}$ cucchiai di salsa Worcestershire

- 1 cipolla gialla tagliata a dadini

- $\frac{1}{2}$ cucchiaino di cipolla in polvere

- $\frac{1}{2}$ cucchiaino di aglio in polvere

- $\frac{1}{2}$ cucchiaino di paprika

- Sale e pepe a piacere

- Per servire

- $\frac{1}{2}$ libbra di pasta all'uovo cotta e scolata

Indicazioni:

a) Inizia portando ad ebollizione una pentola d'acqua. Aggiungere le vostre tagliatelle all'uovo e cuocere secondo le indicazioni sulla loro confezione. Scolare e mettere da parte.

b) Successivamente, fate rosolare il vostro bisonte macinato (fino a quando non rimane rosa) con l'aglio, i funghi e le cipolle. Scolare il grasso.

c) Aggiungere le zuppe di funghi in scatola, la salsa Worcestershire e la panna acida.

d) Cospargere la cipolla in polvere, la paprika e la cipolla. Mescolate bene e fate cuocere per circa 15 minuti.

e) Servire sopra le tagliatelle all'uovo.

93. Riso sporco di bisonte

ingredienti

- 1 gambo di sedano biologico, tritato

- 1 cipolla piccola, tritata

- 1 peperone verde, tritato

- 1 cucchiaio di olio d'oliva

- sale e pepe macinato fresco

- Bisonte macinato da 1 libbra

- 1 cucchiaio di condimento cajun

- 2 tazze di riso basmati (crudo)

- 4 tazze di brodo di manzo

- 1 cucchiaino di salsa GF Worcestershire

- 1 foglia di alloro

- Salsa piccante GF

Indicazioni:

a) Aggiungere il sedano tritato, la cipolla, il peperone verde e l'EVOO in un forno o in una casseruola olandese da 3,5 quarti. Aggiungere un pizzico di sale e pepe.

Cuocere a fuoco medio per circa 5 minuti, mescolando di tanto in tanto.

b) Aggiungi il bisonte macinato e il condimento Cajun alla miscela di verdure. Cuocere bene la carne, circa 5-7 minuti.

c) Togliere la pentola dal fuoco e aggiungere il riso crudo. Unire il riso al composto in modo che sia ben incorporato. Aggiungere il brodo di manzo, la foglia di alloro e la salsa Worcestershire. Riporta il forno olandese sul fornello.

d) Portare a bollore mescolando di tanto in tanto, quindi coprire e abbassare la fiamma al minimo. Cuocere fino a cottura, circa 18 minuti.

e) Eliminate la foglia di alloro. Assaggiate il sale e servite con la vostra salsa piccante senza glutine preferita.

94. Bisonte macinato e stufato di verdure

Porzioni: 5-6

ingredienti

- 1 libbra di bisonte macinato

- 1-2 cucchiai di olio di avocado

- 3 carote grandi (2 tazze), tritate

- 3 gambi di sedano (1 tazza), affettati

- 2 grandi patate dolci bianche (2 tazze), tritate

- 1/2 cucchiaino di sale

- 2 cucchiaini di curcuma

- 3 tazze di brodo di pollo

- 1 1/2 tazze di zucca butternut, frullata

- 3 tazze di cavolo cappuccio, tritato

- Prezzemolo fresco, guarnizione (facoltativo)

Indicazioni

a) Scaldare una padella capiente a fuoco medio e aggiungere il bisonte macinato, spezzettato. Quando la carne avrà terminato la cottura, toglietela dalla padella e tenetela da parte.

b) Scaldare l'olio di avocado in una pentola capiente a fuoco medio. Una volta caldo, aggiungere le carote e il sedano tritati. Rosolare per circa 8 minuti.

c) Aggiungere le patate dolci bianche, il sale e la curcuma e unire gli ingredienti. Continuate la cottura degli ingredienti a fuoco medio, mescolando di tanto in tanto, per altri 10 minuti o fino a quando le verdure non si saranno leggermente ammorbidite.

d) Aggiungere il brodo, la purea di zucca, il cavolo e il bisonte. Mescolare tutti gli ingredienti insieme e portare a fuoco medio-basso, lasciando sobbollire lo stufato per circa 30 minuti.

e) Una volta che lo stufato è pronto, servire caldo e guarnire con prezzemolo fresco se lo si desidera.

95. Padella di bisonte

ingredienti

- 1 libbra di bisonte macinato

- 3 cucchiai di aglio tritato

- 1 cipolla piccola, tagliata a dadini

- 1 tazza di erbe aromatiche tritate (ci
  piacciono erba cipollina, prezzemolo e
  origano)

- 2 tazze di asparagi, tagliati a pezzetti

- 2 tazze di broccoli, tagliati a cimette

- $\frac{1}{4}$ di tazza di olio di avocado

- 6 tazze di verdure miste, divise in due
  piatti

- Sale e pepe a piacere

Indicazioni

a) Frullare le erbe fresche in un robot da
   cucina fino a tritarle. Aggiungere metà
   delle erbe aromatiche in una ciotola,
   aggiungere il bisonte, l'aglio e metà

cipolla, sale e pepe e mescolare
accuratamente. Formate delle polpette.

b) Scaldare l'olio di avocado in una padella a
fuoco medio-alto. Aggiungere le polpette,
il resto delle erbe aromatiche tritate, la
cipolla, l'aglio, gli asparagi, i broccoli e
qualsiasi altra verdura e cuocere fino a
quando saranno teneri rigirando spesso le
polpette per farle dorare da tutti i lati.

c) Dividere l'insalata in due piatti. Adagiate
sopra le verdure e le polpette e servite.

96. Salisbury Steak

ingredienti

- Carne macinata da 1 libbra: manzo, bisonte, pollo o tacchino

- 1 Cipolla Gialla piccola grattugiata o tritata finemente

- $\frac{1}{2}$ cucchiaino di aglio tritato

- 1 cucchiaino di prezzemolo secco

- 1 cucchiaino di aglio in polvere

- $\frac{1}{4}$ cucchiaino di sale kosher

- $\frac{1}{4}$ cucchiaino di pepe nero

- $\frac{1}{4}$ tazza di pangrattato panko, briciole normali di cracker; normale o senza glutine

- 1 uovo

- 1 tazza di farina per tutti gli usi (miscela misura per misura regolare o senza glutine)

- $\frac{1}{4}$ tazza di olio di arachidi o olio di cartamo olio ad alto punto di fumo

- 2 tazze di funghi affettati

- 1 cipolla gialla grande affettata

Per il sugo:

- 2 cucchiai di burro o burro chiarificato o burro senza lattosio

- 2 cucchiai di farina per tutti gli usi (miscela mistura regolare o senza glutine)

- 2 tazze Stock

- Sale e pepe a piacere

Indicazioni

a) In una ciotola capiente, unire la carne macinata, la cipolla grattugiata, l'aglio tritato, il prezzemolo, l'aglio in polvere, il pangrattato, l'uovo, il sale e il pepe.

b) Formare con il composto delle polpette oblunghe (circa $\frac{3}{4}$ di pollice di spessore) e metterle da parte su un piatto. Possono anche essere ridotti in 6 polpette totali.

c) Versare la farina in una ciotola poco profonda e condire con sale e pepe.

d) Metti una padella grande su fuoco medio-alto sul fornello e aggiungi l'olio. CONSIGLIO: quando la superficie dell'olio è increspata, è caldo e pronto.

e) Infarinare leggermente le bistecche di Salisbury, quindi immergerle delicatamente nell'olio bollente aiutandosi con una spatola.

f) Cuocete le bistecche per 4-5 minuti per lato, finché non saranno dorate e croccanti, e cotte al centro. Temperature interne: manzo e bisonte 160 gradi F. Pollo e tacchino 165 gradi F.

g) Togliere le bistecche cotte dalla padella, quindi adagiarle su un piatto e coprirle con un foglio per tenerle al caldo.

h) Nella stessa padella, aggiungere le cipolle e i funghi. Cuocere fino a quando le cipolle non si saranno ammorbidite e hanno iniziato a caramellarsi, e i funghi si saranno ammorbiditi, mescolando spesso.

i) Togliere le cipolle e i funghi cotti e versarli sulle bistecche di Salisbury.

Per il sugo:

j) Nella stessa padella fate sciogliere il burro.

k) Unire la farina e cuocere per un minuto o fino a quando si forma una pasta e inizia a bollire.

l) Unire il brodo e frullare fino a quando non si sarà addensato e riscaldato.

m) Condite con sale e pepe a piacere.

n) Versare sopra le bistecche di pollo o in una salsiera prima di servire.

o) Servite e buon appetito!

MARINATE

97. Salsa del cacciatore

ingredienti

- $\frac{1}{2}$c. gelatina di ribes rosso
- $\frac{1}{4}$ c. recupero
- $\frac{1}{4}$ c. porto o altro vino rosso dolce
- $\frac{1}{2}$ t. Worcestershire

Indicazioni

a) Circa 10 minuti prima di servire: in un pentolino a fuoco basso, cuocete tutti gli ingredienti, mescolando continuamente, fino a quando la gelatina si sarà sciolta.

b) Servire con qualsiasi selvaggina o uccelli selvatici. Produce 1 tazza di salsa, sufficiente per 8 porzioni.

98. Marinata per gioco

ingredienti

- 2 c. vino rosso secco
- 2 cucchiai di olio per insalata
- 2 t. sale
- 1 ton. pepe macinato grossolanamente
- $\frac{1}{4}$ t. foglie di timo
- 2 cipolle medie, affettate sottilmente
- 1 spicchio d'aglio

Indicazioni

a) In casseruola o forno olandese, mescolare tutti gli ingredienti; aggiungere selvaggina o altra selvaggina; coprire e conservare in frigorifero per una notte.

99. Marinata meravigliosa

ingredienti

- Una buona marinata per selvaggina o manzo:
- 1 tazza di olio per insalata
- Succo di limone o 4 T. di vino
- $\frac{1}{2}$ t. polvere d'aglio
- $\frac{1}{2}$ t. senape in polvere
- $\frac{1}{2}$ t. Pepe Worcestershire
- 4 cucchiai di salsa
- 2 T. ketchup
- Un pizzico di Tabasco

Indicazioni

a) Mescolare tutti gli ingredienti in barattolo; scuotere.

b) Versare sulla carne e marinare per 24 ore. Arrostire in forno o su carbone.

100. Salsa dolce-calda per carne di cervo

ingredienti

- Sale e pepe
- 1 cucchiaio di prosciutto Cajun affumicato tritato
- 1 cucchiaio ciascuno: grani di pepe rosso e verde
- 2 T. Cognac
- 1 tazza di panna da montare

Indicazioni

a) Mescolare

CONCLUSIONE

Quando le persone parlano di mangiare carne, le immagini che di solito vengono in mente sono manzo, tacchino, pollo, maiale o agnello. Tuttavia, esiste una categoria di carni di animali non addomesticati, ovvero selvaggina, che si possono trovare anche nei mercati e nei ristoranti vicino a te. Sebbene rappresentino solo una piccola parte del mercato, la loro popolarità sta crescendo.

Hai selvaggina - ora, come la cucini? Questo libro di cucina ti fornirà i migliori e più facili piatti di carne di selvaggina!